깨어! 살아!

도러시아 브랜디

깨어! 살아!

신한현 옮김

실패의 의지에서 성공의 리듬으로

텍스트 프레스

Wake up and Live!
Dorothea Brande

텍스트 프레스의 고전 자기계발서 총서 파이오니어 시리즈는 자기계발이란 주제를 경제적 효율이나 성과의 기술에 한정하지 않고, 삶의 지평을 확장하는 하나의 사유 방식으로 읽어봅니다. 각자의 삶에서 중요하게 여기는 성취를 위해 삶의 태도와 감각을 재조정하는 텍스트로서 고전을 다시 배치합니다.

시리즈의 첫 책으로는 도러시아 브랜디의 『깨어! 살아!』를 소개합니다. 이 책은 실패를 단순한 무능이나 우연의 결과로 보지 않고, 쇼펜하우어와 니체, 프로이트의 영향 아래 인간 내부에 작동하는 하나의 적극적인 충동, 즉 실패하려는 의지(Will to Fail)의 결과로 분석하는 독특한 유형의 자기계발서입니다. 브랜디는 우리가 성공하지 못하는 이유가 우리의 에너지 부족이 아니라, 오히려 그 에너지를 실패를 유지하는 방향으로 조직해왔기 때문이라고 주장합니다.

작가는 스스로 삶의 교착과 무기력, 반복되는 지연과 회피의 습관을 직접 통과한 경험을 바탕으로 이 책을 썼습니다. 결국, 이 책을 통해 작가가 말하고자 하는 바는 삶의 성공을 위해 더 열심히 살라는 주문이 아닌, 이미 흘러가고 있는 삶의 리듬을 적절한 방향으로 재정렬하는 일상의 실천에 대한 촉구입니다.

자기기만은 대개 자기가 하고 있는 것들을 잘 할 수 있다는 믿음의 형태로 나타난다는 말이 맞을지도 모르겠습니다. 하지만 제 경험상, 진심으로 좋은 작업을 하고, 일을 잘하려고 노력하는 사람이 그토록 짧은 시간 안에 엄청난 발전을 이룰 수 있는 분야는 없습니다. *(...)* 저는 진심으로 배우려는 사람들을 위해 이 책을 쓰려고 합니다.

도러시아 브랜디(*Dorothea Brande*, 1892~1948)는 20세기 초 창작과 삶의 리듬을 하나의 실험으로 밀어붙인 사상가이자 에세이스트였다. 1934년, 글쓰기 사업을 시작하고 유지하는 데 필요한 조언들을 담은 『작가 수업(*Becoming a Writer*)』으로 전세계적 유명세를 떨치기도 했던 브랜디의 글은 성공담이나 처세술의 문법을 거부하고, 무의식·습관·시간의 배열 같은 미세한 층위에서 인간이 어떻게 스스로를 가로막는지를 해부한다.

브랜디에게 '창작'은 결과가 아니라 태도이며, '성공'은 외부의 승인보다 내면의 작동 방식이다. 브랜디는 일상의 사소한 선택들을 재배치함으로써 삶의 방향을 전환할 수 있다고 믿었고, 자기계발과 아방가르드 사이, 실용과 실험의 경계에서 냉정하면서도 열정적인 문장으로 생각을 증명했다.

책이 쓰이고 거의 100년이 지난 지금, 조금은 단순한 격언들이 묶인 글을 다시 읽는 일이 생각보다 나이브하다고 생각이 들지도 모르겠다. 하지만, 삶과 기술이 서로 멀어지고, 삶이 일로부터 조용히 이탈해 가는 오늘, 일과 일상을 하나의 리듬 안에서 사유하려 했던 브랜디의 생각이 너무나도 빠른 세상의 속도에 휘말려 흐려져 가는 우리 삶의 해상도를 다시금 높여줄 수 있지 않을까. 더 많은 정보를 빠르게 처리하는 능력이라기보다 지금 하고 있는 일과 살아가고 있는 시간을 분명하게 인식하도록 돕는 감각을 다루고 있다는 점에서 이 오래된 문장들은 여전히 현재와 미래를 향한 질문으로 유효하다.

서문　당신은 정말 깨어 있는가?
그리고, 살고 있는가?

2년 전, 나는 삶을 완전히 바꿔놓은 하나의 성공 공식을 발견했다.
그것은 너무 단순해서, 한 번 보고 나면 지나치게 자명해 보였고,
그래서 오히려 그 공식을 실천한 뒤 뒤따라온 변화들이 정말로 그
때문이었는지 쉽게 믿기 어려울 정도였다. 결과는 거의 마법처럼
느껴졌다. 그러나 이 이야기를 시작하기 전에, 가장 먼저 고백해야
할 사실이 있다. 2년 전의 나는 분명한 실패자였다는 것이다.

　　물론 그 사실을 알고 있던 사람은 많지 않았다. 나 자신과, 내가
스스로에게 기대할 수 있었던 역량의 십분의 일도 발휘하지 못하고
있다는 점을 알아차릴 만큼 나를 잘 알고 있던 소수에 불과했다.
겉으로 보기에 나는 흥미로운 직업을 가지고 있었다. 칼럼과 소설을
쓰고, 비평을 하고, 사람들에게 글쓰기를 가르쳤다. 삶 또한 그다지
단조로워 보이지 않았다. 그럼에도 불구하고, 적어도 나 자신의
판단에 있어서는 내가 실패했다는 사실에 어떤 의심도 없었다.

　　내가 하고 있던 일들은, 내가 하기로 계획했던 일의 대체 활동에
지나지 않았다. 내 성공의 부재를 설명하기 위해 아무리 그럴듯한
이론을 만들어내도, 나는 알고 있었다. 해야 할 일은 더 많았고,
더 나은 것이어야 했으며, 무엇보다도 더 분명히 나 자신의 것인
작업이어야 했다. 말하자면, 나는 늘 분주했지만 정작 나 자신을
향해 나아가고 있지는 않았다. 바로 그 점이 나를 오랫동안 교착
상태에 묶어두고 있었다.

　　나는 언제나 이 상태에서 벗어날 길을 찾고 있었다. 그러나
실제로 그 길을 발견했을 때조차, 나는 그것을 쉽게 믿지 못했다.
처음에는 분석하거나 설명하려 들지 않았다. 무엇보다도 그 공식이
가져온 효과가 너무 분명했기 때문이다. 거의 미신에 가까운 태도를
취하고 있었던 셈이다. 주문처럼 느껴졌고, 그런 효험에 대해
지나치게 캐묻는 일은 오히려 위험해 보였다.

　　더 현실적인 이유도 있었다. 이전에도 나는 수없이 이 난관에서

벗어나려 했고, 거의 빠져나오는 듯 보이다가도 언제나 같은 자리로 되돌아오곤 했기 때문이다. 그래서 이번에도 쉽게 기대하지 않으려 했다.

또 하나의 이유는, 너무 바빴고 동시에 너무 즐거웠다는 점이다. 이전까지는 불가능하다고 느꼈던 일들을 놀라울 만큼 수월하게 해내고 있었고, 결코 넘을 수 없을 것이라 생각했던 장벽들이 서서히 허물어지는 과정을 지켜보고 있었다. 수년간 나를 붙잡고 있던 관성과 소심함이, 마치 잠기지 않은 족쇄처럼 스스로 풀려 떨어지는 감각만으로도 충분했다.

나는 오래전에 하고 싶은 일을 찾았고, 직업 활동도 비교적 수월히 해내고 있었다. 그러나 정작 어디에도 도달하지 못한 채 제자리에 머물러 있었다. 글쓰기를 평생의 작업으로 이른 시기에 선택했고, 큰 기대를 품고 출발했다. 완성한 작업들 대부분은 우호적인 반응을 얻었다. 하지만 한 단계 더 나아가야 할 순간마다, 나는 마치 몸이 굳어버린 사람처럼 멈추곤 했다. 시작할 수 있다는 감각 자체가 사라진 듯했다.

말할 것도 없이, 나는 불행했다. 극단적인 절망 속에 있지는 않았지만, 스스로의 무력함에 끊임없이 시달리고 있었다. 보다 창조적인 작업과 삶의 영역에서는 실패할 운명이라고 여기며, 동시에 자신을 몰아세우는 일을 멈추지 않았다. 교사와 분석가, 심리학자와 의사를 찾아다니며 이 상태에서 빠져나올 방법을 물었다. 읽고, 탐문하고, 사유하고, 걱정했다. 사람들이 추천한 거의 모든 처방을 시도해보았다. 그러나 그 효과는 언제나 일시적이었다. 길어야 일주일, 많아야 이주일이었다. 그러다 어느 순간 갑자기 행동은 멈추었고, 나는 다시 목표에서 멀리 떨어진 자리로 돌아와 있었다. 그때마다 좌절은 더 깊어졌다.

그러던 어느 순간, 거의 분 단위로 특정할 수 있을 만큼 갑작스럽게, 나를 해방시킨 하나의 생각이 찾아왔다. 삶의 거의 모든 국면—태도, 관계, 일상의 리듬—이 바뀌기 시작했다. 처음부터 그것을 명확히 자각했던 것은 아니다. 다만 날이 갈수록 점점 더 분명해진 감각이 하나 있었다. 나는 마침내 실패와 관성, 좌절을

깨어, 살아!   13

상쇄하는 하나의 장치를 손에 넣었고, 그것이 실제로 작동하고 있다는 확신이었다.

　그 이후의 나는 설명할 틈이 없을 만큼 바빴다. 한때는 거대한 과업처럼 느껴졌던 일들을 짧은 시간 안에 끝내고 잠자리에 들며, "이건 내가 한 일이 아니다"라고 중얼거린 적도 있었다. 그러나 결과는 분명히 나의 것이었다. 오랫동안 쓰고 싶었고, 그만큼 쓰지 못했던 책들이 이제는 종이가 허락하는 속도만큼 쏟아져 나오고 있었다. 더 놀라운 점은, 이 활동이 나를 고갈시키기는커녕 오히려 새로운 아이디어들을 끊임없이 불러왔다는 사실이었다.

　여기, 내가 그 공식을 발견하기 전 스무 해 동안 해낼 수 있었던 글쓰기의 총량이 있다. 고통스럽고 힘겹게, 거의 항의하듯 겨우 완성한 작업들이다. 각 항목을 다소 후하게 잡아 계산해도 결과는 이렇다. 단편소설 열일곱 편, 서평 스무 편, 신문 기고 반 다스, 장편소설 시도 한 번. 그마저도 삼분의 일도 채 가지 못하고 중단되었다. 연평균으로 따지면 완성작이 두 편도 되지 않았다.

　반면 각성 이후 2년간의 기록은 전혀 다른 풍경을 보여준다. 책 세 권—그중 처음 두 권은 첫해가 끝나기 불과 2주 전에 완성되었고, 각각의 분야에서 의미 있는 성과를 거두었다—기사 스물네 편, 단편 네 편, 강연 일흔두 회, 추가로 세 권의 책을 위한 골조 작업, 그리고 전국 각지로 보낸 수많은 자문과 조언의 편지들. 이것이 전부도 아니다.

　글쓰기에 에너지를 풀어내는 방식으로 이 공식이 작동한다는 사실을 확인하자, 나는 자연스럽게 삶의 다른 영역에도 같은 태도를 적용해보기 시작했다. 그러자 그동안 거의 모든 영역에서 나를 마비시켜왔던 머뭇거림과 소심함이 빠르게 사라졌다. 억지로 자신을 몰아붙이며 감당해야 했던 인터뷰와 강연, 각종 약속들은 어느새 부담이 아니라 즐거운 경험이 되었다. 반대로, 교착 상태에 있던 시기에 거의 참회의 태도로 감내해왔던 수많은 사소하고 어리석은 자기 착취는 즉시 끝났다. 나는 마침내 나 자신과 좋은 관계를 맺게 되었고, 더 이상 스스로를 벌주거나 다그치지 않게 되었다. 그 결과, 불필요하게 지치거나 지루해질 이유도 사라졌다.

　　　　　서문

이 공식이 내게 이처럼 분명한 변화를 가져다주었음에도, 나는 한동안 이를 극소수의 친구들에게만 이야기했다. 아마도 대부분의 사람들과 마찬가지로, 나 역시 다소 자기중심적인 착각에 빠져 있었던 듯하다. 내 경우는 유례없이 특수한 사례이며, 누구도 나만큼 무력한 상태에 빠진 적은 없고, 따라서 이 공식을 다른 사람이 자신의 문제에 적용할 수는 없을 것이라 생각했던 것이다. 더 이상 포위된 상태로 살지 않게 되자, 주변에서 나와 비슷한 방식으로 삶을 소모하고 있는 사람들의 기미가 보이기 시작했지만, 나는 운 좋게 빠져나왔고 그들 역시 언젠가는 그러리라 막연히 여겼다. 우연이 아니었다면, 나를 그렇게 도와준 이 단순한 프로그램을 공개적으로 제시할 생각은 아마 하지 않았을 것이다.

그러던 몇 달 전, 한 서점으로부터 강연 요청을 받았다. 조심스럽게 제안된 주제는《작가가 되는 데 따르는 어려움》이었다. 그러나 이미 첫 책『작가 수업(해당 서적은 국내에도 출간되어 있다)』에서 나는 그 문제를 상당히 철저하게 다룬 바 있었고, 출판 현장에 몸담은 이들—다른 어떤 집단보다도 그 내용을 이미 접했을 가능성이 높은 청중—앞에서 같은 이야기를 반복하고 싶지는 않았다. 곰곰이 생각해보았지만, 그 주제에 대해 더 보탤 말은 거의 없었다. 결국 내가 할 수 있는 말은 하나뿐이었다. 작가에게 가장 어려운 과제는 외부 조건이나 재능의 부족이 아니라, 자기 안에 자리한 관성과 소심함을 상대하는 법을 배우는 일이라는 것.

이 지점에서 나는 잠시 망설였다. 자칫하면 오래된 기도회 간증처럼 들리지 않을까 두려웠기 때문이다. 그럼에도 불구하고 다시 생각했고, 말해야 할 바를 정리했다. 그 결론이 바로 이 책에 담겨 있다. 우리는 실패하려는 의지에 사로잡힌 존재이며, 이를 제때 인식하고 대응하지 않는다면 의도했던 일을 단 하나도 이루지 못한 채 생을 마감하게 된다는 것. 그리고 그 의지를 상쇄하는 방법이 실제로 존재하며, 그 효과는 때로 마술처럼 보일 정도로 분명하다는 사실이다.

결국 나는 강연을 했다. 그리고 진정으로 나를 놀라게 한 것은 그 이후의 반응이었다. 강연이 끝난 뒤 쏟아진 쪽지와 편지, 전화가

오기 전까지, 나는 한 사람의 경험담이 청중 다수에게는 가벼운
흥미를 주고, 그중 두세 명에게나 실제 도움이 될 것이라 생각했다.
그러나 현실은 달랐다. 거의 모든 청중이 내가 묘사한 바로 그
상태에 놓여 있었고, 모두가 그 상태에서 빠져나올 길을 간절히 찾고
있었다.

**우리는 각자의 삶이 지닌 가능성에 비해 지나치게 낮은
수준에서 살아간다.** 그래서 우리를 억누르던 요소들에서 해방되어,
자기 잠재력에 조금 더 가까이 다가가기만 해도 마치 전혀 다른
사람이 된 것처럼 보이게 된다. 우리가 스스로에게 허락해온
머뭇거리고 조심스러운 삶과 비교하면, 원래부터 우리에게
정당하게 주어져 있던 온전한 삶은 거의 과장처럼 느껴질 정도다.

이 사실을 이해하고 나면, 효과적으로 살아온 사람들―
정치가든, 철학자든, 예술가든, 사업가든―이 의식적이든
무의식적이든 동일한 정신적 태도를 사용해 왔다는 점을 어렵지
않게 발견할 수 있다. 다만 덜 운이 좋았던 이들은, 그 태도를 스스로
찾아내지 못하면 끝내 발견하지 못한 채 생을 마친다.

전기와 자서전을 읽다 보면, 어떤 이들에게는 종교나 철학,
혹은 타인에 대한 헌신을 통해 이러한 전환이 찾아왔음을 알 수
있다. 그러나 그런 경로를 타고나지 못한 사람들, 너무 이르게 배워
그 과정을 기억조차 하지 못하는 사람들, 혹은 종교나 철학에서
자신에게 필요한 힘을 발견하지 못한 사람들 역시 길이 없는 것은
아니다. 의식적인 노력을 통해서도 우리는 스스로에게서 최선의
것을 끌어내는 법을 배울 수 있다. 그렇게 할 때, 그동안 우리를
혼란스럽게 했던 많은 문제들은 자연스럽게 풀리기 시작한다.

이 책은 하나의 사상이 형성되어온 연대기를 다루려는 것이
아니다. 내가 이 글을 쓴 목적은 철학적이면서 동시에 실용적이다.
무의미함에서 벗어나, 기꺼이 그리고 제대로 살아가고자 하는
이들을 위한 실천적 안내서가 되는 것. 바로 그것이다.

1부
실패는 선택된다

❶ 왜 우리는
실패하는가?

우리가 실패를 확정하기 위해 쓰는 시간과 에너지를 그대로 성공을
향해 사용한다면, 우리는 거의 확실하게 성공할 수 있을 것이다.
말도 안 되는 역설처럼 들리는가? 아니다. 다행히도 이것은 비유가
아니라 문자 그대로의 사실이며, 동시에 매우 큰 가능성을 품고 있는
진술이다.

　한 사람을 떠올려 보자. 그의 삶에 매우 중요한 기회가 하나
주어져 있다. 정해진 시간에 맞춰 그 자리에 도착하기만 하면,
앞으로의 건강과 안정, 그리고 비교적 만족스러운 삶이 보장된다.
시간도 충분하고, 그곳에 가는 방법도 이미 알고 있다. 그는 집을
나선다. 그런데 막상 곧장 목적지로 향하기보다, 잠깐 다른 곳에
들렀다 가는 편이 더 마음이 끌린다고 느낀다. 큰 이유는 없다. 그저
지금 당장은 그쪽이 더 편해 보이기 때문이다. 그렇게 방향을 틀어
시간을 보내다 결국 약속의 시각을 놓친다.

　이 이야기는 분명 어딘가 어리석게 들린다. 시간은 그에게
불리하지 않았고, 길을 몰랐던 것도 아니며, 준비가 부족했던 것도
아니다. 그럼에도 그는 도착하지 못했다. 그런데 만약 그가 이렇게
말한다면 어떨까. 비록 약속은 지키지 못했지만 나름대로 즐거운
시간이었다고, 목적을 향해 서두르기보다 아무 생각 없이 흘러가는
쪽이 더 편안했다고, 그 과정에서 잠시 옛 기억을 떠올릴 수 있어
좋았다고.

　우리는 그를 두고 기회를 잃은 일을 '잘 받아들였다'며 칭찬해야
할까. 아마 그렇지 않을 것이다. 우리는 그가 스스로 방향을 잘못
선택했다고 생각할 것이다. 설령 멍하니 다른 생각에 빠져 길을
지나쳤다 해도, 출발 전에 한 번만 확인했더라면 피할 수 있었던
실수라고 말할 것이다. 동정은 할 수 있어도 판단의 책임까지 없다고
하지는 않을 것이다.

　그런데 정작 우리 자신의 삶과, 스스로에게 약속해 둔 가능성

앞에서는 우리는 이 인물과 크게 다르지 않게 행동한다. 우리는 충분히 갈 수 있는 길을 두고도 다른 방향으로 흐른다. 같은 시간과 같은 힘을 쓰면서도, 도달할 수 있었던 자리에서 멀어진다. 실패란 에너지가 없다는 뜻이 아니다. 에너지가 잘못된 쪽으로 사용되고 있다는 신호다. 실패에도 에너지는 필요하다.

이 점을 우리는 좀처럼 즉각적으로 인식하지 못한다. 왜냐하면 우리는 실패를 관습적으로 성공의 반대말로만 생각해왔기 때문이다. 그 결과, 성공과 실패에 수반되는 성질들을 서로 거짓된 대립쌍으로 만들어버린다. 성공은 활력 있고 능동적이며 깨어 있는 상태라고 믿는다. 그렇다면 실패의 전형적인 태도는 무기력과 관성, 축 늘어진 자세일 것이라고 생각한다. 어느 정도는 맞다. 그러나 그렇다고 해서 실패 상태에서 에너지가 전혀 사용되지 않는다는 뜻은 아니다.

어떤 심리학자라도 말해줄 것이다. 성숙한 사람이 움직이지 않기 위해 얼마나 많은 에너지를 소모해야 하는지를. 정지 상태를 유지하려면 생명과 운동의 힘에 맞서 끊임없는 투쟁을 벌여야 하며, 이 투쟁은 우리 삶의 표면 아래 깊숙한 곳에서 일어나기 때문에 우리가 자각하지 못할 뿐이다. 몸이 움직이지 않는다고 해서 생명력이 소모되지 않는 것은 아니다. 게으른 사람조차도 몽상하는 동안 연료를 태우고 있다.

시간을 죽이는 오락에 귀중한 시간을 쏟아 실패에 이르는 경우라면, 에너지가 본래의 통로에서 이탈하고 있다는 사실은 누구나 쉽게 알아볼 수 있다. **그러나 시간 낭비에는 겉보기에는 낭비처럼 보이지 않는 방식들도 있다.** 그것은 오히려 성실하고 책임감 있는 노동처럼 보일 수 있고, 주변의 칭찬과 인정을 받으며, 우리 자신에게도 일종의 뿌듯함을 안겨준다.

문제는 더 가까이 들여다보았을 때 드러난다. 그 일이 우리를 아무 데도 데려다주지 않으며, 우리를 지치게 할 뿐 아니라 만족시키지도 못한다는 사실이 분명해질 때, 우리는 다시 한번 깨닫게 된다. 여기서도 역시 에너지는 성공이 아니라 실패를 향해 봉헌되고 있었다는 것을.

그렇다면 왜 이런 일이 벌어지는가? 어차피 동일한 에너지를 써야 한다면, 그 에너지로도 우리는 충분히 성공할 수 있는데, 왜 우리는 그렇게 드물게 자신이 희망하고 계획했던 삶을 살아가는가? 왜 우리는 이토록 적은 것만을 이루고, 왜 이렇게 무의미한 방식으로 스스로를 가로막는가? 출발이 늦어지거나, 부주의로 삶의 연료를 소진하거나, 멍하니 기회를 놓쳤을 때조차, 우리는 왜 실패를 변명으로 덮어두게 되는가?

이미 가진 것이 없는 것보다는 낫다거나, 이루지 못했어도 기대했던 시간만으로 충분했다거나, 조금이라도 건진 것이 있으니 괜찮다는 식의 말들이 과연 우리를 진정으로 위로해 줄 수 있을까? 그런 말들은 경험이 냉소적으로 농축된 결과일 뿐, 삶의 지침이 될 수는 없다. 우리는 사실 누구도 속이지 못한다. 다만 우리가 타협과 변명을 늘어놓을 때, 주변 사람들 역시 같은 배에 타고 있는 한, 그것을 굳이 문제 삼지 않을 뿐이다. 반면 성공한 사람들은 '어둠 속의 유혹'을 흥미와 의아함이 뒤섞인 표정으로 들으며, 속으로는 세상에 얼마나 많은 위선이 유통되고 있는지를 조용히 결론 내린다. 그들은 분명한 증거를 가지고 있다. 방향을 제대로 잡은 활동이 가져오는 보상이 실패가 남기는 모든 부산물을 훨씬 능가하며, 현실에서 이루어진 아주 미세한 성취 하나가 꿈의 산더미보다 값지다는 사실을.

우리가 실패의 보상에 대해 말할 때조차, 마음 한구석은 편치 않다. 우리는 겉으로는 속담들이 말하는 것처럼 믿는 척하지만, 실제로는 성공과 좋은 삶 중 하나를 반드시 선택해야 한다고 진정으로 믿지는 않는다. 우리는 알고 있다. 성공한 사람들도 같은 노을을 보고, 같은 공기를 마시며, 실패자들보다 덜 사랑하거나 덜 사랑받는 존재는 아니라는 사실을. 그리고 거기에 더해, 그들은 한 가지를 더 가지고 있다. 삶과 성장의 방향으로 움직이기를 선택했으며, 죽음과 쇠락에 순응하지 않았다는 자각이다.

아무리 말을 바꾸어도 우리는 에머슨(자기신뢰와 실천을 삶의 핵심 원리로 삼은 미국 사상가)이 옳았다는 사실을 알고 있다. **"성공은 체질적인 것이다. 그것은 마음과 몸의 플러스 상태,**

일할 수 있는 힘, 그리고 용기에 달려 있다." 그렇다면 왜 우리는 실패하는가? 더 나아가, 왜 우리는 실패를 위해 그렇게까지 열심히 일하는가?

그 이유는 우리가 삶에의 의지(*Will to Live*, 존재를 유지하고 지속하려는 근본적 충동)와 권력에의 의지(*Will to Power*, 세계 속에서 스스로를 확장하고 형식을 부여하며 힘으로 드러나려는 보다 적극적인 생성의 원리)에 지배받는 존재일 뿐만 아니라, 또 하나의 의지—실패하거나 죽고자 하는 의지—에 의해서도 끊임없이 밀려나고 있기 때문이다. 이것은 많은 이들에게 낯설게 들릴 생각일 것이다. 니체 등의 철학자들에게 배운 것처럼 삶에의 의지와 권력에의 의지는 우리에게 이미 익숙하다. 심리학과 철학은 오랫동안 그것들을 중심으로 구축되어 왔다. 그러나 실패의 의지는 훨씬 더 은밀하고, 그 작동 방식을 포착하기도 어렵다. 끊임없이 모습을 바꾸며, 실패의 양상은 심리적 유형이 세분화된 만큼이나 다양하기 때문이다. **이 실패의 의지가 존재한다는 사실을 인식하는 것, 바로 그것이 실패에서 성공으로 방향을 틀기 위한 첫걸음이다.**

우리는 실패로 흘러들어가고 있는 에너지를 되찾아, 그것을 건강한 목적을 위해 다시 사용할 수 있다. 이를 가능하게 하는 것은 몇 가지 명백하고 보편적인 심리적 사실들이다. 이 사실들을 한 번 제대로 바라보게 되면, 우리는 피할 수 없는 결론에 도달하게 된다. 그리고 그 결론들로부터, 실제로 행동할 수 있는 하나의 공식을 도출할 수 있다. 우리를 되돌려 세워 올바른 방향을 바라보게 만드는 단순하면서도 실천적인 절차가 존재하는 것이다. 그것은 앞서 말했듯, 모든 성공한 사람이 의식적으로든 무의식적으로든 사용해온 공식이다.

절차는 단순하다. 그리고 실천의 첫 단계는 너무도 쉬워서, 오히려 자신의 어려움을 극적으로 꾸미는 데 익숙한 사람들은 이런 단순한 방법이 도움이 될 리 없다고 단정하며 거부할지도 모른다. 그러나 이 방법은 거의 시간을 요구하지 않으며, 곧바로 스스로를 입증한다. 단순하든 아니든, 그 결과가 자주 놀라울 정도라는 사실에서 말이다.

더 풍요로운 삶, 더 나은 직업과 작업, 성공과 보상의 경험—이 목표들은 분명 하나의 실험을 감행할 만한 가치를 지닌다. 우리에게 필요한 장비는 상상력과, 잠시 동안 기존의 습관적 패턴을 흔들어볼 의지뿐이다. 하나의 과업을 끝낼 수 있을 만큼 충분한 시간 동안, 새로운 방식으로 행동해보려는 의지만 있으면 된다. 그 기간이 얼마나 될지는 작업의 성격에 따라 달라질 것이다. 전적으로 개인에게 달린 일인지, 아니면 행정가나 경영자가 다루는 문제처럼 타인의 기질이 복잡하게 얽힌 일인지에 따라서도 달라진다.

어쨌든 실험의 일부 결과는 즉각적으로 나타난다. 때로는 그 첫 결과들이 너무도 인상적이어서, 미리 나열해놓는 것 자체가 오히려 냉정한 독자들을 멀어지게 할 수도 있다. 직접 경험하기 전에 듣는다면, 그것은 기적담과 다를 바 없을 것이고, 우리가 몰아내려는 바로 그 의심들이 다시 끼어들지도 모른다.

다시 말하자면, 결과가 아무리 인상적일지라도 과정은 단순하며 복잡하지 않다. 이 방법은 시도해볼 가치가 있다. 이미 수백 개의 삶에서 작동해왔기 때문이다. 그리고 성공보다 실패에 더 헌신되어 있지 않은 삶이라면, 어느 삶에서든 이 공식은 작동할 수 있다.

❷ 실패하려는 의지

쇼펜하우어와 프로이트, 니체에 이르는 철학의 사상적 계보를 거치며, 우리는 이미 '삶에의 의지'나 '권력을 향한 의지'라는 표현에 익숙해져 있다. 이 말들은 때로는 다소 과장되게 사용되기도 하지만, 유기체가 충만함과 성장의 방향으로 나아가려는 근원적 충동을 가리키며, 각자의 경험 속에서 충분히 확인되는 진실과 맞닿아 있다.

가령 우리는 어린 친구들이 자기 자신과 자신의 개성을 드러내기 위해 애쓰는 모습을 보거나 경험한다. 청년기에는 스스로 솟아오르는 생각들을 시험할 기회를 두고 경쟁했고, 누군가는 긴 병치레 뒤에 혈관 속으로 다시 돌아오는 생의 기운을 실제로 느껴본 적도 있다. 또한 불리한 조건에 놓인 평범한 사람이, 관찰자의 눈에는 차라리 죽음보다 더 가혹해 보일 수도 있는 가난과 굴욕, 고통을 견디며 살아가는 장면 역시 잘 알고 있다. 그런 상황에서조차 단지 숨 쉬고 존재할 권리에 매달리게 만드는 힘은, 살아 있으려는 의지의 존재 말고는 달리 설명할 길이 없다.

더 나아가 우리는 성장의 과정을 먼저 몸으로 겪고, 시간이 흐른 뒤에야 그것을 사유하게 된다. 개인은 유년기에서 청소년기로, 청소년기에서 그 다음 시기로 이동하며, 그 전환의 순간마다 이전 단계의 활동과 관심은 서서히 희미해지고 새로운 것들로 대체된다. 자연은 세계 속에서 우리가 맡게 될 새로운 역할을 위해 유기체를 준비시키며, 포기해야 할 기쁨을 대신할 또 다른 상태의 보상과 즐거움을 미리 보여줌으로써, 우리를 새로운 요구와 화해시키고 있다.

그러나 이와 균형을 이루는 또 하나의 의지, 곧 **실패하려는 의지**(*Will to Fail*) 혹은 **죽음으로 향하는 의지**(*Will to Death*)라는 생각은 그만큼 쉽게 받아들여지지 않는다. 한때 정신분석에서는, 어떤 개인도 상상 속에서조차 자기 자신의 소멸을 온전히 떠올릴

수 없다는 견해가 정설처럼 받아들여진 적도 있었다. 심각한 병리
상태의 환자들이 꾸는 죽음의 꿈이나 자살에 대한 위협조차,
실제로는 복수의 환상에 근거한 것이라고 설명되었다. 환자는
자신이 죽은 뒤에도 여전히 살아 있으며, 보이지 않는 상태로 자신을
부당하게 대했다고 여긴 이들의 후회와 참회를 지켜볼 수 있다고
상상한다는 것이다.

그러나 전쟁 이후 포탄 충격을 겪은 환자들을 분석하던
지그문트 프로이트는 후기 이론에서 이른바 '죽음 충동'이라는
개념을 제시하며, 때때로 진정한 죽음 욕망을 암시하는 꿈들을
발견했다고 밝힌 바 있다. 이 통찰은 그의 한 저작에 집약되어
있으며, 특유의 치밀한 사유와 임상적 관찰이 풍부하게 담겨 있다.
그럼에도 불구하고, 우리 삶을 가로지르는 죽음 지향적 흐름이
논리적으로 존재할 수 있다는 생각은 대중 심리학의 영역에서는
마치 한 번도 진지하게 검토된 적이 없었던 것처럼 취급되어 왔다.

그러나 죽음은 탄생과 성장만큼이나 경험의 일부다. 자연이
삶의 각 단계마다 오래된 욕망을 닫고 새로운 전망을 열어주며
우리를 준비시키듯, 우리가 살아 있는 존재로서 소중히 여기는
모든 것을 언젠가 내려놓게 될 그 순간을 향해, 서서히 그리고
부드럽게 화해하도록 이끌고 있다고 생각하는 일은 그리 무리가
아니다. 그렇다면 투쟁에서 물러나기, 노력을 미루기, 욕망과 야망을
느슨하게 풀어놓는 일은, 삶에 대한 집착에서 점차 멀어지도록
유혹받는 유기체에게 자연스러운 움직임일 수도 있다.

이러한 맥락에서 우리는 '실패하려는 의지'를 하나의 실재로
받아들일 충분한 근거를 갖게 된다.

만약 무기력과 소심함, 힘 들이지 않는 노력, 정지 상태, 체념
같은 태도들이 오직 인생의 말년에만, 혹은 병이나 피로로 완전히
소진되었을 때에만 나타난다면, 그것을―실제로 그러하듯―우리
안의 모든 선하고 효과적인 것을 파괴하는 주적이라고까지 여기며
공격할 이유는 없을 것이다. 그러나 그것이 젊은 시기나 한창의
성숙기에 나타날 때, 사정은 전혀 다르다. 그것은 마치 건강한
신체에 나타난 부적절한 졸림이 명백한 이상을 가리키듯, 한 사람의

삶 내부 어딘가에 깊고 근본적인 문제가 자리하고 있음을 드러내는 징후다.

이 실패의 기운이 제때를 어기고 등장했을 때, 그 본성이 얼마나 치명적인지를 곧바로 알아볼 수만 있다면, 그것과 맞서 싸우는 일 역시 그리 어려운 일은 아닐 것이다. **그러나 대개 우리는 스스로에게 무언가가 잘못되었다는 막연한 의심을 품기도 전에, 이미 실패의 힘 한가운데로 들어가 있다.**

우리는 실패나 좌절, 소심함을 늘 부정적인 것, 곧 결핍의 상태로만 말해왔기 때문에, 실패의 증상 그 자체와 맞서야 한다는 제안을 들으면 마치 허공을 향해 풍차와 싸우라는 요구처럼 느낀다. 젊은 시절에는 그러한 증상들을 거의 알아차리지도 못한다. 처음 일을 시작하지 못하는 망설임 같은 것들을 자연스러운 소심함으로 설명해버리기 때문이다. 그러나 그 망설임은 사라지지 않는다. 시간은 흐르고, 어느 순간 우리는 충격에 가까운 깨달음에 이른다. 한때는 사랑스럽고 젊은 겸손처럼 보였던 것이, 이제는 전혀 다른 것—병들고 불쾌한 상태—으로 변해버렸다는 사실을.

혹은 우리는 진지하게 일에 착수하지 못한 이유를 대신 설명해줄 그럴듯한 가정적 상황을 만들어낸다. 혹자는 가족을 외롭고 무방비한 상태로 남겨둘 수는 없었다고 말한다. 그러나 시간이 지나 가족은 성장하고 흩어지며, 우리가 그동안 바쁘게 매달려 있던 가족 일은 가차 없이 사라진다. 그제야 우리는 오래전에 포기했던 계획으로 되돌아가 다시 시작해야 한다는 생각만으로도, 마치 병에 걸린 사람처럼 두려움을 느낀다.

혹은 우리는 더할 나위 없이 그럴듯한 이유를 갖고 있기도 하다. 우리 대부분은 일하지 않으면 곧바로 생계가 위협받는 조건에 놓여 있으며, 생계를 위해 처음 손에 잡히는 직업은 대개 우리가 가장 잘 맞는 일이 아니다. 여기에 결혼과 양육까지 더해지면, 그 필요성은 더욱 절박해진다. 오직 한 사람의 삶만을 감당하면 되는 일이라면 몇 해쯤은 기꺼이 버틸 수도 있겠지만, 배우자나 아이에게 그 부담을 전가해야 한다면, 그것은 대부분의 사람에게 감당하기 어려운 수준의 용기와 결단을 요구한다.

많은 젊은 부부는 충분한 자산을 갖추지 못한 채 결혼과 가정을 시작한다. 학자금 대출과 높은 집값, 불안정한 고용 상태 속에서 출발하는 일이 오히려 보편적인 현실이 되었다. 과거 사회에서 혼인 이전에 일정한 경제적 기반을 요구하던 관습은 흔히 시대착오적이거나 지나치게 물질적인 태도로 치부되고 있다. 그러나 새로운 가정을 꾸리는 초기 단계의 부담을 감당할 최소한의 조건을 제도적으로 요구하던 장치에는 분명 현실적인 장점도 있었다. 그런 장치가 사라진 사회에서, 많은 사람들이 중년에 이르기까지 생존을 위한 노동에 자신을 소진하며 살아가게 되는 이유가 여기에 있는지도 모른다. 기쁨을 주지 않는 자리를 메우듯 하루를 채우고, 최선의 경우에는 단조로운 반복을, 최악의 경우에는 불안정과 빈곤을 예고하는 미래를 마주하게 되는 것이다.

대부분의 사람들이 처음 취업해 시작한 일을 계속 할 수밖에 없다는 이 필연성만으로도, 왜 그렇게 많은 이들이 자신의 계획을 끝내 실현하지 못하는지를 상당 부분 설명할 수 있다. 대개 처음에는 이렇게 다짐한다. 비록 적성에 맞지 않는 일로 생계를 유지하더라도, 진짜 목표만큼은 놓치지 않겠다고. 저녁과 주말, 휴가를 활용해 어떻게든 야망을 붙들고 가겠다고 계획한다. 그러나 아침부터 저녁까지 이어지는 노동은 피곤하고 가혹하다. 세상이 쉬고 있을 때 홀로 계속 일하는 일은 거의 초인적인 성격의 힘을 요구한다. 게다가 그 노력이 성공으로 이어질 것이라는 확실한 보장조차 없는 상태라면, 그 부담은 더욱 커진다.

그렇게 사람은 자신도 모르는 사이 실패하려는 의지의 흐름에 휩쓸린다. 여전히 우리의 삶이 움직이고는 있다. 다만 그 움직임이 목표를 향한 것이 아니라, 서서히 하류로 떠밀려가는 방향이라는 사실을 알아차리지 못할 뿐이다.

대부분의 사람은 공적으로 자신의 실패를 감춘다. 그리고 무엇보다도, 가장 철저하게는 자기 자신으로부터 그것을 숨긴다. 스스로가 할 수 있었던 것에 비해 훨씬 적은 일만 해왔다는 사실, 어느 나이가 되기 전까지 적어도 소박하게라도 이루겠다고 마음먹었던 것들 가운데 극히 일부만을 실현했다는 사실, 그리고 어쩌면 꿈꾸었던 전부를 끝내 이루지 못할지도 모른다는 가능성을 외면하는 데에는 그다지 큰 노력이 필요하지 않다.

이렇게 자기기만이 쉬워지는 이유 가운데 하나는, 삶의 어느 시점에 이르러 사람들 사이에 일종의 조용한 협약이 형성되기 때문이다. "내 실패를 굳이 내 앞에서 언급하지 말아 달라"는 암묵적인 요청이 오가고, 그에 대한 응답으로 "당신이 기대에 미치지 못하고 있다는 암시는 굳이 대화에서 꺼내지 않겠다"는 합의가 이루어진다. 그렇게 서로의 시선을 피해, 실패가 이미 자리를 잡았다는 사실을 조용히 인정한 채 살아간다.

이 예의 바른 침묵은 대개 젊은 시절이나 이른 중년까지는 유지된다. 그때까지는 언제라도 속도를 되찾아 다시 달리기 시작할 수 있으리라는 관습적인 믿음이 남아 있기 때문이다. 그러나 시간이 더 흐르면, 그 침묵은 점차 느슨해진다. 어느 순간부터는 세상으로 나설 때 품었던 기대가 지나치게 높았고, 특히 자기 자신에 대해 가졌던 기대가 과도했음을 씁쓸한 웃음과 함께 인정하는 편이 오히려 안전해진다. 오십대에 접어들면, 때로는 그보다 훨씬 이른 시기에도, 조심스러운 자기 비하와 반쯤 농담 같은 푸념을 늘어놓는 일이 허용된다. 동시대인들 가운데 "그럼 다 그만두고 지금 시작하면 되잖아?"라고 말할 수 있는 사람이 거의 없다는 사실을 모두가 알고 있기 때문이다. 그럼에도 불구하고, 세계에서 가장 위대한 작업들, 대체 불가능한 수많은 걸작들이 우리가 너무 쉽게 '전성기'라고 단정해버리는 시기를 훨씬 지난 남녀들에 의해 이루어졌다는 사실 역시 잘 알려져 있다.

이렇게 사람은 세상을 미끄러지듯 통과한다. 자기 몫의 기여를 다하지 못한 채, 자기 안에 무엇이 가능했는지를 끝내 알아보지 못한 채, 타고난 능력이든 후천적으로 익힌 능력이든 그 극히 일부조차 충분히 사용하지 못한 채로. 그럭저럭 편안하게 살고, 어느 정도의 존중과 찬사를 얻으며, 잠깐의 '작은 권위'와 약간의 사랑을 누릴 수 있다면, 스스로를 현실적으로 타협할 줄 아는 사람이라 여기게 된다. 그렇게 실패하려는 의지에 순응한다. 오히려 자신의 영리함을 자랑스럽게 여기면서도, 그 대가가 얼마나 치명적인 자기기만이었는지는 거의 의심하지 않는다. 삶의 보상이 아니라 죽음의 보상에 조용히 합의해버렸다는 사실을 알아차리지 못한 채로 말이다.

자기 자신과 타인을 상대로 벌이는 이 정교한 게임이 끝나지 않는다면—어느 순간이라도 멈춰 서서 그것이 결국 하나의 게임에 불과하다는 사실을 직시하지 않는다면—실패하려는 의지는 우리 모두를 부드럽게 내리막으로 밀어, 마침내 그 기슭에 이를 때까지 이끌어갈 것이다. 그리고 그 과정에 대해 항의할 사람은 거의 없을 것이다. 그러나 이 게임은 종종 가장 뜻밖의 순간에 중단된다. 그때 사람은 문득 스스로에게 묻게 된다.

왜 이렇게 분주하게 삶을 쳐내고 있는가?
겨우 살림살이를 마련해주는 일에 매달려 있는 동안,
살고자 했던 진짜 삶은 어디로 사라졌는가?

어떤 경우에는 이 질문이 스쳐 지나가듯 떠올랐다가, 오랜 시간이 흐른 뒤에—혹은 아무 흔적도 남기지 않은 채—사라진다. 그러나 어떤 사람들에게는 결코 잊히지 않는다. 그런 상태로 게임을 계속하면, 그것은 곧 악몽으로 변하고, 그 악몽에서 어떻게 깨어 현실로 돌아올 것인가가 삶의 유일한 관심사가 된다. 아이러니하게도, 그렇게 애쓸수록 악몽은 더 깊어진다. 자유로 나아가는 듯 보이는 선택을 하나씩 시도하지만, 결국 처음부터 다시 시작하고 있음을 발견하게 된다. 그럼에도 불구하고, 빠져나올 길은 있다. **실패하려는 의지가 실제로 존재할지도 모른다는 사실을** 인정하는 것, 그리고 나아가 **그 의지의 희생자일지도 모른다는 가능성**을 받아들이는 데서부터 시작하는 것이다.

❸ 실패의 주체들

만약 실패하려는 의지가 심한 감기나 전염병처럼, 누구나 한눈에 알아볼 수 있을 만큼 분명한 증상으로 나타난다면, 우리는 이미 오래전에 그것을 근절했거나 최소한 맞서는 법쯤은 익혀두었을 것이다. 그러나 현실은 그렇지 않다. 그 증상은 지나치게 다양하고, 그 수 또한 헤아리기 어렵다. 이를테면 주말마다 다이닝과 공연, 연극 관람을 즐기는 대도시 인간을 그의 회전목마 같은 일상에서 끌어내어, 햇볕 아래에서 철학적 몽상에 빠져 누워있는 사람 옆에 세워두고 두 사람이 본질적으로 닮았다고 말한다면, 사람들은 고개를 저을 것이다. 그러나 그 말은 틀리지 않다. 몽상에 빠진 게으른 인간이든, 내향적인 인간이든, 외향적 인간이든—겉으로는 전혀 다른 이들 모두가—무의식적으로 같은 방향을 향해 움직이고 있기 때문이다. **그들은 모두 실패를 향해 에너지를 흘려보내고 있다.**

내가 보기에 이들 모두의 삶에는 분명한 공통점이 있다. 로마 제국의 황제 마르쿠스 아우렐리우스는 스스로에게 이렇게 경고했다. "천 년을 살 것처럼 행동하지 말라." 실패하려는 의지에 사로잡힌 사람들은 하나같이 자기 앞에 무한한 시간이 남아 있는 것처럼 산다. 몽상에 잠기든, 도시의 여가를 즐겁게 즐기든, 그들은 시간을 고갈될 염려가 없는 자원처럼 써버린다.

실패의 양상이 심리적 유형만큼이나 다양하기 때문에, 우리는 타인에게서도, 자기 자신에게서도 그 징후를 알아차리지 못하는 경우가 많다. 다음에 나열할 것들은 '천 년을 살 것처럼 행동하는' 수많은 방식 가운데 일부에 불과하다.

내가 지금부터 언급하는 사례들 중 하나라도 해당된다면 당신의 에너지는 실패로 흐르고 있는 가능성이 농후하다. 예컨대, 기본적인 신체 회복에 필요한 수면 시간보다 매일 두 시간에서 네 시간이나 더 자는 잠꾼들이 있다. 개별적으로는 단순히 잠이 많은 경우일 수도 있다. 그러나 강박의 기미가 드러나기 시작하면 이야기는 달라진다. 잠자리에 조금만 늦게 들어도 극단적으로 예민해지거나, 전날의 수면 시간을 초 단위로 계산하며 사소한 방해 하나에도 과도하게 반응하는 이들은, 수면을 회복 이상의 용도로 사용하고 있다. 여기에 하루 한두 번의 쪽잠까지 일상화된다면, 진단은 더욱 분명해진다.

또 다른 유형은 겉보기에는 조용한 내향형 인간들이다. 이들 가운데에는 깨어 있으면서도 잠든 상태로 사는, 일종의 각성된 몽유병자들이 있다. 이들은 삶의 활동이 자기 앞을 스쳐 지나가도록 방치하거나, 시간을 죽이는 오락에 매달리되 그 안에서도 가장 사소하고 비생산적인 역할에 머문다. 혼자 하는 게임과 여가에 집착하는 사람들, 병적으로 영화와 책만 소비하는 영화광과 독서광들. 휴식과 집착의 경계는, 인식만 한다면 그리 모호하지 않다.

가장 알아보기 쉬운 실패의 유형은 과음꾼들이다. 이들에 대해서는 이미 충분히 많은 논의가 이루어졌다. 음주가 지속되어 깨어 있는 동안의 수면 상태ー더 나아가 삶 속의 죽음에 가까운 상태ー를 불러온다면, 실패하려는 의지는 분명하다. 그러나 훨씬 더 많은 경우는 눈에 잘 띄지 않는다. 술을 마시면 다음 날이 망가진다는 사실을 알면서도 반복하는 사람들, 그 여파가 가시기 전까지 모든 일을 흐릿한 상태로 처리하는 사람들, 소량의 술에도 신체적 불편을 느끼면서 계속 마시는 사람들. 그 불편의 크기와는 무관하게, 이런 결과를 충분히 예상하면서도 같은 선택을 반복한다면, 적어도 그만큼은 스스로를 무력화시키려는 욕망이 작동하고 있다고 말할 수 있다. 더불어 술 말고도 커피가 몸을 불편하게 만들고, 우유를 소화하지 못하면서도 습관처럼 그것을 마신다면, 술잔을 들고 있는 사람처럼 노골적인 비난을 받지는 않겠지만, 본질적으로는 같은 범주에 속한다.

말할 것도 없이 무분별한 활동 역시 여기에 포함된다. 이제 시선을 보다 능동적인 유형으로 돌려보자. 실패를 마치 주된 직업처럼 수행하는 외향적 인간들의 방식은 너무도 다양해, 그것을 일일이 나열하는 일 자체가 무의미할 정도다. 끊임없이 영화를 보고 공연을 찾아다니는 사람들, 매일 밤 술자리가 있어야 하루가 완성된다고 느끼는 사람들, 차 한 잔이나 저녁 약속이 없으면 그날을 헛보낸 날로 여기는 사람들이 그렇다. 물론 일정한 직업과 삶에 기여하는 활동 이후에 필요한 휴식과 오락 그 자체가 문제라는 말은 아니다. 문제는 이런 지적이 나오자마자 지나치게 격렬하게 반발하며 "사람에게는 쉬는 시간이 필요하다"고 외치는 태도다. 그런 반응은 오히려 해방이라는 개념에 과도한 가치를 부여하고 있음을 스스로 드러낸다.

그다음에는 위치를 가늠하기 어려운, 이른바 절반짜리 실패자들이 있다. 자수나 뜨개질 같은 반복 작업에 몰두하는 경우가 그렇다. 공정하게 말하자면, 때로는 손만 사용하는 단순한 작업이 진행되는 동안 정신이 실제 문제를 해결하는 데 유용하게 작동하기도 한다. 여기서 중요한 것은 자기 자신에 대한 철저한 정직함이다. 그 리드미컬한 반복이 어느 쪽으로 쓰이고 있는지는 스스로 충분히 감지할 수 있다. 멍한 무기력 상태로 빠져들거나, 반대로 작업이 미묘하게 복잡해 자동적인 리듬이 형성되지 않을 정도의 주의를 요구할 때, 이런 활동이 창조적 작업이거나 그것을 보조하는 행위일 가능성은 극히 낮다.

목적 없는 수단꾼들에 관해서는, 우리가 그 범주에 속해 있다는 사실보다 남들이 빠져 있는 모습이 훨씬 더 잘 보인다. 가끔 같은 친구에게 같은 이야기를 반복했다는 사실을 깨닫고 며칠간 말수를 줄이는 정도라면, 그것은 사소한 실수에 가깝다. 그러나 말로 시간을 때우는 습관—늘 진전 없는 주제의 순환, 기계적으로 반복되는 의견, 익숙한 상황에 대한 반쯤 무의미한 관찰, 오래된 문제에 대한 자동적인 분노, 같은 주장을 위해 동원되는 동일한 사례들, 한때는 생각이었으나 이제는 거의 편견에 가까워진 판단을 떠받치는 미지근한 논거들—이 굳어져 있다면, 상대 얼굴에 스치는 피로의 기색이나 억지 웃음조차 우리를 멈추게 하지 못한다.

때로는 특정한 말버릇이 지나치게 반복되어 듣는 이를 지치게 만들기도 한다. (이런 말버릇을 고치는 방법은 뒤에서 다룰 것이다. 여기서는 그것이 어떻게 무의식적으로 실패하려는 의지를 드러내는지만 살펴보고 있으니깐) 이런 식으로 주변의 반응을 불러올 수 있다면, 오히려 행운에 가깝다. "그러니까", "사실은", "내 말은", "알겠지?", "있잖아" 같은 표현을 끝없이 반복하고 있다는 사실을 깨닫는 순간, 그 군더더기 말들이 대화를 채우는 동안 정작 새롭거나 값진 생각은 거의 등장하지 않았다는 점도 함께 드러난다. 다른 범주들과 마찬가지로, 극단적인 사례—이를테면 히스테릭한 수다꾼—를 만나면 문제는 분명해 보인다. 그러나 같은 문제가 훨씬 미묘한 형태로, 청중만 바꾼 채 반복되기 때문에 수년 동안 감춰질 수 있다는 사실은 좀처럼 인식되지 않는다.

보다 은밀하고 눈에 띄지 않는 방식으로도 실패하려는 의지의 희생자가 되는 경우가 있다. 이 지점에서는 내향적인 사람과 외향적인 사람이 거의 동일하게 취약하다. 자신의 능력과 훈련 가운데 극히 일부만을 요구하는 일을 일부러 선택한 뒤, 본질과는 무관한 세부 사항에 집요하게 매달려 발전 없이 스스로를 소진시키는 사람들이 그렇다.

끝없이 학업 과정을 반복하는 이들도 있다. 해마다 캠퍼스에 모습을 드러내지만, 늘 이동하고 있으면서도 결코 도착하지 못한 사람들처럼 보인다. 준비만을 반복하는, 이른바 영원한 준비 상태에 머무는 삶이다. 또 다른 한편에는 '헌신적인 가족'이나 돌봄 역할에 자신을 전부 쏟아붓는 사람들이 있다. 이들은 자신의 삶을 다른 성인들의 삶 속으로 아낌없이 흘려보내지만, 정작 자기 안에 있었을 가장 값진 가능성은 충분히 기르지 못한다. 그 결과 그들의 희생은 삶을 풍요롭게 하기보다는, 사소한 위안에 머무는 경우가 많다.

자신의 역량을 넘어선다는 사실을 알면서도 과업을 떠맡는 사람들, 혹은 겉으로만 그럴듯해 보이는 직업 주제에 매달리는 이들도 여기에 속한다. 예컨대 대학 시절부터 무명의 외국 정치인에 관한 전기 자료를 수십 년째 수집해온 사람이 있다. 이제 그는 마흔 후반에 이르렀지만, 그 전기의 첫 문장은 아직 쓰이지 않았다.

아마도 실패를 삶의 중심에 두고 사는 사람들 가운데 가장 큰 부류는, 모두에게 사랑받고자 하는 사람일 것이다. 어떤 상황이 요구하는 수준을 훨씬 넘는 친근함과 매력을 발산하는 사람을 만났을 때, 속으로 이렇게 말해도 무방하다. "아, 여기도 실패가 있구나." 이는 진정한 친절이나 성품의 온기를 문제 삼는 말이 아니다. 여기서 말하는 것은 책임을 회피하면서도, 호감과 유화적인 태도로 모든 것을 무마하려는 어른아이들이다. 달래고 유혹하는 방식으로, 여전히 보호받아야 할 존재로 받아들여지기를 요구하는 성인들이다.

장난스러운 농담꾼, 유머러스한 불평가들은 책임감은 부족하지만, 누구에게나 매력적인 존재로 남고자 한다. 재치나 외모, 분위기 조성 능력이 있다면 순간적인 관용과 연민을 이끌어내는 데에는 거의 실패하지 않는다. 그러나 시간이 지나 돌아보면, 그때의 호의에는 정당한 근거가 없었다는 사실이 분명해진다. 건강한 성인은 우연히 만난 모든 사람의 애정이나 관용을 필요로 하지 않는다. 죄책감이 없다면, 그런 반응을 끌어내기 위해 애쓸 이유도 없다. 이런 사람들은 마치 죄수가 돌을 깨듯, 매력을 관리하고 연마하는 일을 멈추지 못한다. 사라져가는 매력을 보충하기 위해 점점 더 애쓰거나, 아니면 자신이 책임을 충분히 이행하지 못했다는 사실과 마주해야 하기 때문이다. 자신의 결핍이 타인의 관대한 시선 속에서만 흐릿하게 드러나는 한, 실패를 인정하지 않고 살아갈 수 있다. 그렇게 그들은 삶을 속이며 통과한다. 운이 좋다면, 언젠가는 그 매력이 결국 누구를 가장 깊이 소모시키고 상처 입히는지 깨닫게 될지도 모른다.

겉보기에는 목적 없는 활동, 혹은 거짓으로 목적 있어 보이는 일과로 시간을 채우는 방식은 무수히 많다. 그리고 그 대부분은 실패하려는 의지에 순응한 결과다. **다만 기억해야 할 점은, 이런 활동들이 단지 표면적으로만 무목적적이라는 사실이다.** 모든 경우에는 우리의 삶의 활동에는 나름의 깊은 의도가 숨어 있으며, 그것은 각기 다른 형태로 드러난다.

그리고 그 형태의 가장 분명한 의도는, 스스로가 자신의 잠재력을 충분히 실현하며 살고 있다는 인상을 세상에—그리고 자기 자신에게—심어주려는 욕망이다. 외적인 삶이 자잘한 일들로 빽빽하게 채워져 있거나, 하나의 고된 잡무를 성실히 수행하고 있을 때 특히 그렇다. "이보다 더 하라고 누가 나에게 요구할 수 있겠는가?"라는 질문이 자연스럽게 뒤따른다. "이렇게 바쁜데, 다른 일을 할 시간이나 힘이 어디 있는가?" "보잘것없고 만족스럽지 않은 일일지라도 끝까지 해내는 것이 책임 아닌가?"

이 질문에 정직하게 답할 수 있는 사람은 결국 자기 자신뿐이다. 그리고 그런 답은 사소한 일들에 매달리던 정신이 잠시 멈추는 순간에야 가능해진다. 타인을 얼마나 교묘하게 속였는지는 중요하지 않다. 가장 잘할 수 있는 일을 외면하고 있거나, 스스로 선택한 기여적인 활동을 진지하게 수행하지 않고 있다면, 삶의 중심에는 점점 무시하기 어려운 불행의 핵이 자리 잡게 된다.

시간을 흘뿌리는 사람들, 놀이에 빠진 사람들, 고된 노동에 매달린 사람들 모두는 본질적으로 자기 자신을 속이는 데 에너지를 쏟고 있다. 깨어 있는 시간의 틈새를 빠짐없이 채워, 무의미함의 의심이 스며들 여지를 없애려는 것이다. 밤이 되면 여전히 놀고 있거나, 현실을 직면할 힘조차 남아 있지 않다. 그러나 어느 순간 사태가 또렷이 보이기 시작하면, 그 모습은 차라리 끔찍하다. 단 한 번뿐인, 대체 불가능한 삶의 금고 속에 의미 없는 잡동사니―감각의 잔여물, 경험의 파편, 유행과 열광, 인위적으로 만들어진 감정들―를 집요하게 쑤셔 넣고 있는 모습이기 때문이다.

겉으로 내세우는 목적이 무엇이든, 이 모든 경우에 작동하는 동기는 하나다. 삶을 부차적 활동과 대체 활동으로 가득 채워, 자신이 해낼 수 있는 최선의 일을 시작할 시간 자체를 없애려는 충동. 대개는 무의식적인 충동이다. 요컨대, 그 의도의 이름은 **실패**다.

❹ 실패의 보상

처음 생각해보면, 누군가가 의식적이든 무의식적이든 실패하기
위한 음모에 진지하게 가담한다는 발상은 얼핏 터무니없어
보인다. 그러나 조금만 주변을 살펴보면, 백 명 중 아흔아홉은 어떤
방식으로든 스스로를 약화시키고 좌절시키는 삶을 살아가고 있다는
사실을 부정하기 어렵다. 왜 이런 일이 벌어지는지를 이해하려면,
역설처럼 들릴지라도 한 장을 할애해 실패의 보상이라 부를 수 있는
것들을 살펴볼 필요가 있다.

　　일상적으로 심리학 전반에 대한 관심이 넓어지면서, 한때는
우스꽝스럽게 들렸던 생각 하나가 이제는 비교적 자연스럽게
받아들여지고 있다. **우리가 모두 어떤 수준에서는, 그리고
하루의 상당 부분을 몽상 속에서 산다는 사실이다.** 의식적으로든
무의식적으로든, 깨어 있든 잠들어 있든, 우리는 실제 삶보다
더 만족스러울 것 같은 어떤 상황을 끊임없이 그려낸다. 때로는
유년기의 행복이나 성공에 대한 관념이, 성인의 삶을 살아가는 데
오히려 혼란이나 장애로 작용하기도 한다.

　　어떤 경우 그 몽상은 아무것도 하지 않아도 되는 안락한 삶이다.
욕구가 생기자마자 곧바로 충족되던 유년기의 안전한 세계를
떠나기를 거부하는 마음이다. 유년기에는 따뜻함과 식사와 애정이
노력 없이 주어졌다. 우리는 이런 회귀한 몽상을 설명할 언어를 갖기
훨씬 이전부터, 이미 그 경향을 알고 있었다. 한 사상가는 "우리는
오늘의 삶이 어제의 풍요로움을 대신할 수 있다고 믿지 못한 채,
한때 우리를 먹이고 재워주던 옛 천막의 잔해 주변을 서성인다"고
썼다. 이런 성향은 누구에게나 어느 정도 존재하지만, 삶을 잘
살아가는 성인에게서는 훨씬 약하다.

　　다른 경우에, 아이러니하게도 몽상의 내용이 '성공'이 되는
사람이 있다. 온순했던 유년기를 보낸 사람이 전쟁이나 금융의
정복자가 되고, 소심한 어린이가 치명적인 매력의 주인공이 되는

경우가 그것이다. 현실이 이 몽상에 개입하지 않는 한, 몽상가는 그 일부를 실제로 이루려 애쓰기보다, 침묵 속에서 이야기를 지어내며 스스로에게 도취되는 편이 더 편안할지도 모른다. 이런 몽상은 단조롭고 사건 없는 일상에 대한 일종의 보상으로 기능한다.

그러나 세계는 그런 몽상만으로 살아갈 수 있는 곳이 아니다. 식사는 저절로 마련되지 않고, 삶의 조건들은 가만히 누워 있는 사람에게 관대하지 않다. 아무리 황홀한 상상을 품고 있더라도, 언젠가는 깨어나 차가운 현실의 공기 속에서 구체적인 조건들과 마주해야 한다.

몽상을 습관적으로 하는 사람들은 최소한의 노력만 기울인다. 하루를 버텨낼 만큼만, 먹고사는 데 필요한 만큼만 움직인다. 식사를 해결할 수 있다면 그 이상은 굳이 바라지 않는다. 그리고 하루가 끝나면, 자각하든 그렇지 않든 다시 몽상 속으로 돌아간다. 그가 꾸준히 성취하는 것은 단 하나다. 매일 약간의 여백을 확보하고, 몇 시간의 자유 시간을 만들어내는 것—오직 한 가지 목적을 위해서, 곧 **자신의 삶을 계속해서 미루기 위해서**다.

그러나 그의 꿈은 달콤하다. 그 꿈은 다른 모든 관계에서의 실패를 보상해주는 실제적인 대체 보상이 되고, 그래서 그는 그 상태를 기꺼이 유지한다. 하지만 행복이야말로 삶의 목표라면, 그는 한 가지 중요한 사실을 외면한 채 스스로를 속이고 있는 셈이다. 현실에서의 아주 작은 성공 하나가, 수년간 이어진 몽상보다 훨씬 더 큰 행복을 가져온다는 사실 말이다.

그럼에도 실패의 보상들이 각자의 자리에서 실제로 작동한다는 점은 분명하다. 이 점을 인정하지 않으면, 우리는 그것들과 맞설 만큼의 정신적 긴장을 결코 확보할 수 없다. 그리고 실패의 보상은 몽상 하나로 끝나지 않는다.

이를테면 이런 방식이 있다. 어떤 일을 "시도했다"고 말할 수 있을 만큼만 시도하고, 그 이상은 하지 않는 것이다. 그러면 그 순간 이후로는 손을 놓고 살아도 된다. 사람은 겸손한 어조로 이렇게 말할 수 있다. 자신에게는 진정한 성공을 가능하게 할 자질이 없다는 사실이, 이미 한 차례의 시도를 통해 가늠되었다고. 이런 말은 흔하지는 않지만, 나이가 든 실패자들에게서 가끔—대개는 자조적인 농담처럼—들린다. 진솔하고 감동적으로 들리며, 그 말이 완전히 거짓임을 증명할 방법도 없다. 그러나 그 대가로 그는, 평생에 걸친 노력을 미리 아껴버린 셈이 된다.

이 부류에 속하게 되면, 타인의 삶의 투쟁을 반은 흥미로움으로, 반은 시기심으로 바라볼 수 있다. 그들의 성공이 가져오는 결과를 즐기면서도—인간의 본성이 그렇듯—어쩌면 더 큰 쾌감은 실패하는 이들의 모습을 관객석에서 지켜보는 데서 생길지도 모른다. 그들은 머지않아 당신 곁으로 와, 같은 자리에 앉게 될 것이다.

벤저민 프랭클린은 이렇게 말했다. "사람들은 일을 시작하다가 난관을 만나면 쉽게 낙담하고 물러난다." 무의식은 여기서 속삭인다. 왜 안 되겠는가? 한 번 시도하고 그만둔 뒤, 평생 동안 '조금만 더 했더라면 성공했을 텐데'라는 생각을 품고 살아갈 수 있는데 말이다.

그렇게 되면 사람은 취미가 혹은 아마추어가 된다. 실제로 계속 일하는 이들에게 유난히 까다로운 비평가, 직업인이든 아니든 가장 냉혹한 판단자, 스스로 '내면의 기준'을 지녔다고 믿는 사람 말이다. 그는 아직 현장에서 먼지를 뒤집어쓴 채 달리고 있는 이들이 결코 닿지 못할 어떤 탁월성의 기준을 은근히 암시한다. 그 기준은 너무 높고, 너무 모호해서, 거기에 이르지 못한 실패가 오히려 다른 이의 손쉬운 성공보다 더 고귀하다고—그는 조심스럽게 말할 수 있다.

완성된 것은 하나도 없지만, 당신이 받았을지도 모를 찬사와 거머쥐었을지도 모를 막대한 성공, 만들어냈을지도 모를 걸작들은 몽상 속에서—그리고 그 이야기를 기꺼이 믿어주는 사람들 앞에서—실제 성취가 가졌을 무게보다 더 크게 부풀려진다.

혹은 당신은 더 끈질기게 일하는 노동자나 예술가의 조력자이자 후원자가 될 수도 있다. 어쩌면 그것이 가장 점잖고, 가장 세련된 형태의 실패일지도 모른다.

그러나 여기서 반드시 짚어야 할 사실이 있다. 이 모든 경우에서, 최소한 당신은 투쟁을 피했다는 점이다. 외부 세계에서 무언가를 시도할 때 피할 수 없는 고통과 굴욕을 겪지 않아도 된다. 애써 만든 결과물이 경멸받거나 오해받는 장면을 보지 않아도 되고, 경쟁 속에서 누군가를 앞질렀을 때 남게 되는 앙금도 경험하지 않아도 된다. 불리한 비평이 남기는 상처를 견딜 필요도 없고, 사소한 성공 하나로 인해 생겨나는 시기와 악의를 마주하지 않아도 된다. 피곤한 상태에서 자신의 의견을 논증으로 떠받쳐야 하는 상황에 스스로를 몰아넣지 않아도 된다.

더 깊고 치명적인 고통 역시 피할 수 있다. 곧, **완성된 결과물과, 원래 그렇게 되기를 바랐던 모습 사이의 간극을 직면하는 일**이다. 정직하게 일하는 사람에게는 언제나 이 간극이 존재하며, 바로 그것이 그를 겸손하게 만든다.

이처럼 피할 수 있는 불편과 고통의 목록은 면밀히 살펴볼 가치가 있다. 성공보다 실패를 선택하는 이유를 분석할 때, 이것들이 결정적인 단서를 제공하기 때문이다. 실패를 택하면, 땀 흘리고 지치고 낙담할 위험을 피하는 보상을 얻는다. 동료나 일이 뜻대로 움직이지 않을 때 감정이 날카로워질 위험도 비켜갈 수 있다. 그리고 누군가가 당신이 한때 꿈꾸던 바로 그 분야에서 탁월한 성취를 이루었을 때조차, 언제든 이렇게 믿을 수 있다. 정말로 다시 시도했더라면, 그보다 더 잘했을 거라고.

또한 눈에 띄지 않는 자리에 머문다면, 가까운 사람을 앞질러야 하는 상황 역시 피할 수 있다. 이는 관계를 중시하며 살아온 많은 이들에게 익숙한 실패의 보상이다. 물론 이런 양상은 저명한 인물을 가까이에서 지켜본 이들이나, 이미 시대에 뒤처진 권위 아래에서 성장한 사람들에게서도 발견된다. 다만 차분히 돌아보면, 실제로는 그런 충돌을 겪지 않아도 되었을 가능성이 적지 않다. 사랑이 지닌 관대함과 확장성을 미리 고려하지 않았기 때문이다. 이 경우 역시 관계를 지키기 위해 야망을 절제했다기보다는, 일하지 않기 위한 이유가 무의식 속에 자리 잡고 있었던 경우가 많다.

실패를 택하면, 성공을 둘러싸고 따라붙는 소문과 오해, 때로는 스캔들에 가까운 이야기들로부터도 벗어날 수 있다. 이런 말들은 대개 성취를 이룬 사람들 주변에서 가장 쉽게 피어난다. 이를 과도하게 두려워하는 태도는 신경증적일 수 있으나, 실제로 이

두려움이 많은 가능성을 가로막는 강력한 억제력으로 작동하는
경우도 적지 않다. 생기 있는 사람은 언제나 무기력한 시선의
대상이 된다. 그러나 진정으로 중요한 소수는 이미 진실을 알고
있으며, 나머지는 중요하지 않다. 그럼에도 많은 이들은 더 충만한
삶을 선택하지 못한 채, 단지 군중의 천박한 호기심을 피하기 위해
활동적인 삶에서 물러난다.

그리고 실패에는 또 하나의 보상이 있다. 지나치게 서투르지만
않게 실패한다면, 성실한 노동자보다 오히려 더 매력적인 동반자가
될 수 있다는 점이다. 진정한 성취에 이른 사람들은 대개 쉼 없이
일한다. 여가 시간조차 자신이 몰두한 작업의 한 부분에 정신이
붙들려 있는 경우가 많다. 성공한 사람은 자유 시간이 적고, 스스로
정한 고독의 시간을 엄격히 지킨다. 즉흥적인 유희에는 좀처럼
응하지 못한다. 그것은 삶이 불만족스러워서 탈출구를 찾고 있기
때문이 아니라, 오히려 그렇지 않기 때문이다.

또한 그는 실패자가 흔히 느끼는 깊은 내적 죄책감을 지니고
있지 않다. 그래서 언제나 사람들의 호감을 사야 할 필요도 없다.
자신의 유머와 매력, 감정과 관용을 아무에게나 흩뿌리지 않고,
스스로 선택한 가까운 관계를 위해 아껴 둔다. 그 결과, 친밀하지
않은 사람들 사이에서는 무뚝뚝하거나 다가가기 어렵다는 평을
듣기도 하고, 때로는 지나치게 냉정할 정도로 예의 바르다는 인상을
남기기도 한다.

만약 세상 어딘가에 자신을 무관심하게, 혹은 냉소적으로,
심지어 적대적으로 바라볼 수 있는 사람이 존재한다는 사실을 견딜
수 없다면, 최대한의 매력을 발휘하며 실패하는 길을 택하게 될
가능성이 크다.

이제 실패하려는 의지가 실제로 작동하고 있는 세 개의 삶을
잠시 들여다보는 것이 도움이 될 것이다. 세 경우 모두, 겉으로
보기에는 활동으로 가득 찬 삶을 살고 있다. 처음에는 관찰자조차
이들이 어떤 불운한 조건에 붙잡혀 있다고 생각하기 쉽다. 그러나
조금만 가까이 들여다보면, 각각의 실패가 외부 요인에 의해 결정된
것이 아님이 분명해진다. 이들 모두는 충분히 충만하고 생산적인

삶을 살아갈 능력을 갖추고 있었지만, 가진 에너지를 자신의 표면적 목표를 좌절시키는 데 사용했다.

사례 1

아주 젊은 나이에 배우자를 잃은 한 사람의 이야기다. 학구적인 집안에서 자랐고, 대학 시절에는 뛰어난 학생이었다. 자신과 어린 자녀를 부양할 수 있을 만큼의 최소한의 자금을 마련한 뒤, 교육자로서의 경력을 준비하기 위해 다시 캠퍼스로 돌아가 석사와 박사 과정을 마쳤다. 겉으로 보기에 이는 책임감 있고 합리적인 선택처럼 보였다. 그러나 훗날 어려움이 깊어져 조언을 구하게 되었을 때, 본인 스스로도 놀랐듯이, 그는 다시 학생이 된 상태—성인의 세계 안에서 보호받는 존재로 머무는 상태—를 은근히 즐기고 있었고, 허락되는 한 그 준비 기간을 최대한 늘리고 있었다.

박사 학위를 마친 뒤, 그는 성실하고 정직한 태도로 자리를 구하려 했다. 그러나 비슷한 문제가 반복되었다. 자신보다 상위에 있어야 할 사람들과 반드시 격렬한 논쟁을 벌였고, 그 주제는 언제나 자신만의 독창적이지만 기묘한 경제 이론들이었다. 그 이론들은 맡게 될 강의 과목과는 아무 관련이 없었고, 설령 세상이 그것을 받아들이거나 거부하더라도 수업의 질이나 내용에는 아무런 차이를 만들지 못할 것이었다. 그럼에도 그는 동료들에게 그 생각들을 진지하게 받아들이라고 요구했고, 그 결과 자리를 얻을 때마다, 의지해야 할 사람들의 호의를 스스로 무너뜨리는 상황을 되풀이했다.

그는 어느 자리에서도 계약된 1년을 넘기지 못한 채 여러 학교를 전전했다. 훌륭한 교사였고, 박식한 연구자였으며, 나눌 수 있는 것이 많은 사람이었다. 그러나 동시에 그는 아주 오랫동안, 아주 열심히 일해야 하는 위치에 놓이지 않도록 자신을 철저히 관리하고 있었다. 교수직에 대한 전망은 점점 희미해졌고, 학교의 위상은 서서히 낮아졌다. 마침내 거의 알려지지 않은 소규모 기관에 이르렀을 무렵, 그는 자신의 지속적인 하강을 정당화해주는 하나의 논리를 만들어냈다.

그의 주장은 이랬다. 우리는 모두 지나치게 안락함을 추구하며 살고 있고, 몸에 맞는 옷과 좋은 음식, 안정된 생활에 과도한 가치를 부여하고 있다는 것이다. 결국 그는 대도시의 빈곤 지역에 있는 작은 주거 공간에 머무는 삶조차 스스로 정당화할 수 있다고 느끼는 지점에 이르렀다. 그러나 주변 사람들을 그 공간으로 초대해야 할 순간이 오자, 그 논리는 힘을 잃었다. 그는 점점 더 고립되었고, 성격은 날카로워졌으며, 허세 섞인 자기과시는 그 와중에도 멈추지 않았다.

　다행히 그에게는 자녀가 하나 있었고, 그 아이는 매우 총명하고 매력적으로 성장했다. 자녀는 부모의 유사 철학에 전혀 설득되지 않았다. 기이한 생활 방식과 옷차림 때문에 스스로가 늘 불리한 위치에 놓여 있다는 사실을 정확히 인식하고 있었고, 사춘기에 접어들자 보다 합리적인 삶을 요구하며 본격적으로 맞서기 시작했다. 상황은 결국, 부모가 현실을 직시하느냐, 아니면 관계를 잃느냐의 갈림길에 이르렀다.

　자신의 위치를 바로잡으려는 시도들은 번번이 실패했다. 그는 여전히 기회만 생기면 예전과 같은 논쟁을 벌였고, 자신의 능력과 훈련에 비해 터무니없이 낮은 보상을 감수하며, 타인의 관용에 기대어 유지되는 불만족스러운 자리에 머물러 있었다.

　마침내 전문가의 도움을 구했을 때, 그는 말 그대로 충격을 받았다. 자신이 가진 에너지를 거의 전부 실패하는 데 사용하고 있었다는 사실을 깨달았기 때문이다. 무의식적으로 그는 세상 속에서 책임을 지고 일해야 하는 상황 자체를 원망하고 있었다. 보호받는 존재로 남아 있고 싶었거나, 다시금 돌봄의 대상이 되고 싶었던 것이다. 그가 반복해 벌여왔던 갈등은 분석가의 표현을 빌리면 '과잉결정'된 행동이었다. 한편으로는 해고를 확실하게 만들어 노동 자체를 불가능하게 하려는 시도였고, 다른 한편으로는 타인의 주의를 끌기 위한 방식이었다. 그는 스스로를 계산적인 존재로 인정할 수 없었기에, 매력을 드러내는 것만큼이나 효과적인 방식인 '갈등을 일으키는 기술'에 의존하고 있었던 것이다.

사례 2

두 번째 사례는 거의 모든 도시와 함께 작은 동네 등 사람 사는 곳에서 흔히 발견할 수 있는 유형이다. 이 실패는 동정을 받는 데 그치지 않고, 때로는 모호한 의미에서 성공보다 더 고결하고 품위 있는 것으로 평가되기까지 한다.

그는 지적 능력이 뛰어난 사람이었고, 청렴함으로 평판이 좋았으며, 실무 감각도 갖추고 있었다. 그는 태어나 자란 작은 공업 도시에서 평생을 살다 그곳에서 생을 마쳤다. 그렇다고 그가 그 삶에 만족하며 다른 가능성을 상상하지 않았던 것은 아니다. 그의 독서는 늘 여행과 모험에 관한 것이었고, 한 번도 가보지 못한 나라와 장소들에 대해 그리움 섞인 이야기를 자주 꺼냈다.

기회가 없었던 것도 아니었다. 오히려 기회는 그를 더 넓은 세계로 이끌고자 했다. 그는 대기업 지점의 관리자였고, 업무 성과가 좋아 더 큰 도시에서 더 높은 보수를 받는 자리를 제안받았다. 그는 기쁨에 차서 이를 수락했다. 그러나 이틀도 채 지나지 않아, 그 자리는 자신에게 과분한 책임일 것 같다며 사양하는 연락을 보냈다.

그의 소심함은 점차 굳어갔다. 몇 년 뒤에는 회사가 도입하려는 새로운 제도와 방식들을 일관되게 반대하기 시작했고, 변화 그 자체를 위협으로 받아들이게 되었다. 시간이 흐르자 그는 완고한 저항자가 되었고, 결국 회사는 소액의 연금과 함께 그를 퇴직시켰다. 그렇게 그는 마을 사람들이 애정 어린 시선으로 대하는, 소박한 철학자가 되었다.

한 정치인이 그의 장례식에서 감동적인 추도사를 했다. 마을 사람들은 그를 떠올리며 위안을 얻었다. 그러나 다소 냉정해 보일지라도, 몇 가지 사실은 외면하기 어렵다. 배우자는 과로 끝에 이미 십 년 전에 세상을 떠났고, 한 자녀는 아버지와 비슷한 지적 능력을 지녔음에도 지역 학교 이상의 교육을 받지 못했다. 다른 자녀는 대학에 다니기 위해 스스로 학비를 벌어야 했고, 그 과정에서 에너지와 집중력이 분산되었다. 학업과 노동을 동시에 수행하는 것이 이상적인 교육이라는 믿음 역시, 흔히 반복되는 사회적 신화에 가깝다. 또 다른 자녀는 가정이 제공하지 못한 안정과 안락함을 대신해, 애정 없는 결합 속으로 스스로를 숨겼다.

여기서 한 가지는 분명히 짚어야 한다. 정직한 성공을 어떤 의미에서든 비천한 것으로 여기는 태도는, 좋게 말해도 자기기만이며, 나쁘게 말하면 위선이다. 이 오류는 흔히 '성공'을 막대한 부의 축적과 동일시하는 데서 비롯된다. 그러나 자신이 맡은 일을 제대로 수행하고, 그 대가로—동료들의 신뢰든, 세상이 조금 더 나아졌다는 조용한 확신이든, 혹은 기꺼이 지불될 만큼의 가치에 대한 정당한 보상이든—응당한 결과를 얻는 것이 비천하다는 생각은 성립하지 않는다. 윌리엄 어니스트 호킹은 『인간 본성과 그 재구성』에서 이 지점을 이렇게 정리한다.

"만약 대지의 결실을 다루는 일이 인간에게 주어진 정상적이고 예정된 위치라면, 그 위치에 도달했고 그 과정에서 상당한 능력을 보여준 사람이 성공했다는 인정을 받지 못할 이유가 무엇인가? 재산을 이루는 일은 인간의 일이며, 정상적인 조건 아래에서는 능력의 한 척도다."

사례 3

이제 세 번째 사례로 넘어가자. 이 인물을 아는 사람들 가운데 상당수는, 그가 '실패하려는 의지'의 사례로 익명 처리되어 등장하는 데 강한 거부감을 느낄 것이다. 그는 미국의 유명 작가이며, 전설적인 작가의 자녀이기도 하다. 출발부터 그는 극히 유리한 조건을 갖추고 있었고, 문학적 경력의 전주곡처럼 여겨지는 인정 투쟁의 긴 시간을 거의 겪지 않았다. 그럼에도 그는 실패에 대한 깊은 공포 속에서 살아가며, 역설적으로 그 방향으로 자신을 밀어붙이는 충동에 사로잡혀 있다.

그는 금전적 압박이 극심해질 때까지 일을 하지 않는다. 그러다 막다른 곳에 이르면 광적으로 글을 쓰고, 극도의 피로에 이르기까지 스스로를 소진시킨다. 그 뒤에는 병후 회복기에 있는 사람처럼 행동한다. 이 나쁜 작업 습관을 고치기 위해 정신과 의사의 조언을 받아, 생계와 무관한 조건에서도 여러 차례 집필을 시도해보았다. 그러나 그런 경우 그는 언제나 처음부터 받아들여지기 어려운 원고를 써냈고, 결국 다시 처음부터 고쳐야 했다. 세상은 물론 이런 낭비를 알지 못한다. 좌절스러운 수정 과정에 소모된 시간과 에너지 역시 외부에는 드러나지 않는다.

이런 일이 반복될수록 그의 경력은 점점 음울하고 매력을 잃어가고, 언젠가 자신의 이름을 부끄럽지 않게 적을 수 있는 책을 쓸 수 있으리라는 믿음도 희미해진다. 이 경우에도 분석은 그의 행동이 지닌 무의식적 이유를 어느 정도 밝혀주었다. 여기서도 마찬가지로, 산만하고 비생산적인 작업 방식은 중층적으로 결정되어 있었다. 한편으로는 같은 직업에서 저명한 가족을 능가하게 될지도 모른다는 공포가 있었고, 다른 한편으로는— 교묘하지만 무의식적인 계산 끝에—노역하듯 써낸 작품들이 거절된다면, 아예 일을 하지 않아도 되고 평생을 자기만의 몽상 속에서 살아갈 수 있으리라는 기대가 깔려 있었다. 무의식은 언제나 현실의 조건을 받아들이기를 거부한다. 평균적인 인간에게 "일하거나, 아니면 버텨낼 수 없거나"라는 규칙이 적용된다는 사실을 인정하지 않으려 한다.

그러나 이 고통받는 인물은 반복적으로 하나의 경험을 한다. 만약 그것을 이해할 수만 있다면, 이 경험은 그의 교착 상태를 벗어나는 길을 분명히 보여줄 것이다. 돈이 정말로 절박해졌을 때, 더 이상 외상이나 지인들의 호의, 혹은 자신의 이름에 기대어 버틸 수 없게 되었을 때—다시 말해 절망이 만들어내는 용기를 얻었을 때—그는 즉각 채택되는 원고를 써낸다. 그러나 그는 이 사실에서 실천 가능한 결론을 끌어내는 대신, 그것을 하나의 미신으로 만들어버렸다. "막판에 쓴 작업만이 내게는 운이 따른다"는 식이다. 그렇게 그는 계속해서 제자리걸음을 걷는다.

.

앞의 사례들에서 공통적으로 드러나는 점을 생각해보며 이야기를 마무리해보자. 실패, 혹은 상대적인 실패는 언제나 보상을 동반했다. 그것은 성인으로서의 책임과 노력을 미룰 수 있다는 보상이었고, 몽상 속에서 시간을 소모할 수 있다는 보상이었다. 오직 좌절이 성공보다 더 고통스러워졌을 때에야, 삶의 패턴을 다시 짜려는 시도가 나타났다.

이런 방식으로 삶을 낭비하는 사람들이 어딘가 비이성적으로 보이는가? 그러나 우리는 모두 비슷한 곤란을 스스로 만들어낸다. 일을 피하고, 기회를 흘려보낸다. "몇 해 전에 이걸 했더라면 지금쯤 달라졌을 텐데"라고 되돌아본 적은 없는가? 그런데 그 기회는 그때도 분명히 거기 있었다. 왜 보지 못했을까? 혹시 지금 이 순간에도, 나중에 떠올리게 될 어떤 기회를 스스로 외면하고 있는 것은 아닐까? **실패하려는 의지는 매일같이 우리 삶 속에서 작동하고 있는 것은 아닐까?**

그럼에도 성공의 보상은 크다. 다시 말해, 세상 속에 실제로 존재하게 된 어떤 사소한 결과 하나라도—당신이 행동하지 않았다면 결코 생기지 않았을 결과 하나라도—그것을 완수했다는 사실은 실패가 평생 제공하는 만족보다 더 강렬한 충만을 가져온다. 몽상의 가변적인 기준이 아니라, 현실의 척도로 시험받고 있다는 감각은, 오랜 표류 끝에 마침내 땅을 딛는 느낌과도 같다.

자신이 할 수 있는 최선의 일에 실제로 착수한 사람들만이, 뒤늦은 각성으로 인한 공황에서 비교적 자유롭다. 그 각성은 때로 너무 늦게 찾아와, 정상적인 삶의 리듬과 태도를 이미 잊어버린 뒤에야 도달하기도 한다. 그리고 수많은 주관적 이점들에 더해, 성공에는 분명한 객관적 보상이 따른다. 몽상 속 계획에는 구매자가 없고, 상상 속 책 뒤에는 인세 명세서가 따라오지 않는다. 허무주의자들에게는 다소 천박하게 들릴지도 모른다. 그러나 이것은 문자 그대로의 진실이며, 동시에 더 큰 진실을 가리킨다. 환상은 현실의 포도를 시다고 말할 수 있다. 그러나 단 한 번이라도 그것을 맛본 사람은, 끝내 신뢰할 수 있는 기쁨이 무엇인지 알게 된다.

2부
방향을 바꾸는 실험

❺ 방향 전환

실패하려는 의지가 존재하더라도, 실패가 제공하는 수많은
보상에도 불구하고, 성공은 인간에게 있어 여전히 정상적인
목표이며 정당한 지향점이다. 에너지가 우리를 무력한 상태에
붙들어 두는 데 쓰이거나, 불모하고 메마른 활동으로 자신을
소진시키는 데 쓰일 때, 그것은 제대로 사용되고 있다고 말할 수
없다. **에너지가 제자리를 찾는 순간은 단 하나뿐이다. 우리가
도달할 수 있는 가장 성숙하고 포괄적인 자기 개념에 봉사할 때다.**

이 가장 성숙한 자기 개념은 사람마다 다르며, 삶의 성장과
함께 끊임없이 확장된다. 타인은 누구도 다른 사람의 성공을 대신
정의해줄 수 없다. 성공은 종종 타인의 인정이나 더 나은 경제적
보상을 포함하지만, 그것이 필수 조건은 아니다. 이를테면 어떤 과학
연구자는, 방대한 과학적 축적 속에 단 하나의 미세한 사실을 정확히
보태는 일만으로도 스스로를 충분히 성공한 사람이라 여긴다.
가설과 추측의 영역에 머물러 있던 항목을 검증된 지식의 체계 안에
정확히 편입시키는 것—그것이 그의 목표라면, 이름이 학계 밖에
알려지지 않더라도, 심지어 전문 분야 안에서도 거의 언급되지
않더라도, 그는 자신이 하기로 한 일을 해낸 것이다. 그 자체로 그는
성공했다.

예술의 정점에 이른 배우는 많은 아이들을 건강하게 키워낸
부모만큼 성공한 삶을 산 것이다. 더도 덜도 아니다. 지역 공동체의
삶에 깊이 헌신한 목회자는, 동시대의 수많은 사람에게 이름이
알려진 천재와 마찬가지로 성공한 삶을 살고 있다. 어떤 이의 성공에
대한 이상이 우리의 기준과 거의 겹치지 않아 이해하기 어려울 때도
있다. 그럼에도 그가 책임감 있게, 효과적으로, 유용하게, 그리고
만족스럽게 살아가며 자신에게 주어진 조건과 재능을 최대한
사용하고 있다면, 상상력이 완전히 고갈되지 않은 한 우리는 그를
성공한 사람으로 알아볼 수 있다.

성공을 지나치게 협소하게 정의하는 일은 이 책의 목적 자체를 무너뜨린다. 우리가 '성공'이라는 말에 대해 느끼는 불신의 상당 부분은, 성공이 가질 수 있는 가능성의 폭이 얼마나 넓은지를 제대로 인식하지 못하는 데서 비롯된다. 대개 사람은 청소년기를 지나며 이미 자신에 관해 방대한 양의 지식을 축적한다. 너 자신을 알라는 오래된 조언을 진지하게 받아들인다면, 그 지식은 충분히 검토되고 숙고될 수 있으며, 그 과정 속에서 각자에게 어울리는 좋은 삶의 이상 또한 분명히 모습을 드러내야 한다.

교육의 중요한 과제 가운데 하나는, 각자가 자신의 미래를 가리키는 단서들을 스스로 발견해야 한다는 사실을 이해하도록 돕는 일이다. 동시에 그러한 단서들이 영웅 숭배나, 한 사람의 성공 방식을 모두에게 적용할 수 있다는 잘못된 믿음 때문에 얼마나 쉽게 흐려질 수 있는지도 함께 보여주어야 한다. 물론 혼란과 시행착오, 부모나 교사의 기대를 자신의 욕망으로 착각하는 과정을 거치기도 하지만, 대체로 스무 살 무렵이면 사람은 이미 자신이 무엇에 가장 잘 맞는지, 혹은 충분한 훈련과 기회가 주어진다면 무엇을 가장 잘 해낼 수 있을지를 알고 있다.

여기서 특히 짚고 넘어가야 할 점이 있다. **자신의 능력과 인격을 터무니없이 과대평가하지 않았다면, 마음속에 품고 있는 성공의 이상은 대부분 실현 가능한 범위 안에 있다**는 사실이다. 실제로 문제는 과대평가보다 과소평가에 훨씬 더 자주 있다. 우리는 자신의 역량이 어디까지 확장될 수 있는지를 충분히 시험해보기도 전에, 스스로 한계를 그어버린다. 극단적인 병리 상태를 제외하면, 자신의 능력을 한참 넘어서는 삶을 진지하게 꿈꾸는 사람은 거의 없다.

또 하나 분명히 해야 할 점이 있다. 이 책에서 말하는 성공은 상징적이거나 은유적인 성공이 아니다. 기존의 성공 개념을 또 하나의 그럴듯한 '이상주의적 타협안'으로 바꾸려는 시도도 아니다. 희망의 기준을 낮추고, 대신 손쉽게 도달 가능한 목표로 만족하라는 조언은 여기서 다루지 않는다. 그런 태도는 실패와의 잠정적 화해일 뿐이다. 오히려 한때 마음속에 분명히 존재했던 목표의 원형을 가능한 한 생생하게 떠올릴수록, 그것을 실제로 성취할 가능성은 더 커진다.

　지금껏 우리는 짧지만 실패에 순응하도록 우리를 이끄는 여러 성향과 흐름을 살펴보았다. 그것을 방치할 경우, 우리는 별다른 저항도 하지 못한 채 삶을 소진과 위축의 방향으로 흘려보내게 된다는 사실도 확인했다. 그렇다면 이제 질문은 이것이다. 성공에 필요한 건강한 노력을 번번이 가로막는 것은 무엇인가.

　그 핵심에는 인간의 기억과 무의식이 작동하는 방식이 놓여 있다. 우리는 흔히 시행착오를 통해 배운다고 말한다. 여러 번 시도하고, 실패하고, 마침내 성공에 이르는 과정을 떠올린다. 그러나 이 설명에는 중요한 요소 하나가 빠져 있다. 실패가 남긴 감각이다. 고통, 굴욕, 피로, 조롱의 기억은 의식에서는 희미해질 수 있어도, 무의식에서는 결코 사라지지 않는다.

　성공 하나가 이전의 모든 실패를 지워주는 것처럼 말하지만, 실제로 무의식은 그렇게 계산하지 않는다. 무의식은 성취보다 고통을 훨씬 더 선명하게 기억하며, 쾌락을 얻는 것보다 고통을 피하는 데 훨씬 집요하다. 이 때문에 어떤 행동이 분명히 이로울 것임을 알면서도, 우리는 자주 망설이고, 미루고, 관성에 굴복한다. 다시 상처 입을 가능성만으로도, 아예 아무것도 하지 않기로 결정해버리는 것이다.

　우리 무의식은 초기의 실패에 대한 기억을 다시 마주하느니, 그 위험을 감수하느니, 활동 자체를 회피하는 편을 택한다. 혹은 지나치게 쉬운 일을 선택하거나, 계획을 시작했다가 과거에 상처받았던 지점 근처에서 멈추고, 어떤 이유든 붙여 일을 미완으로 남긴 채 물러난다. 최소한 다시 아프지는 않기 위해서다.

　물론 이것은 장기적으로 보았을 때 전적으로 비합리적인 선택이다. 사소한 불편을 피하기 위해 우리는 훨씬 더 큰 실패의 가능성을 축적하고, 다시는 돌아오지 않을지도 모를 기회를 스스로 포기한다. 그러나 무의식에게 중요한 것은 논리가 아니라 즉각적인 회피다. 고통의 기억이 잠들어 있는 상태를 유지하는 것, 그것이 우선이다.

　만약 이 메커니즘이 사실이라면―그리고 약간의 자기

관찰만으로도 누구나 그것을 확인할 수 있다면—우리가 해야 할
일은 분명해진다. **실패의 기억이 행동을 가로막기 전에, 그것이
작동할 틈을 주지 않는 것이다.** 관성과 좌절이 주문처럼 발동되기
전에, 행동이 먼저 나가도록 만드는 것이다.

    이를 위해 필요한 것은 특별한 기술도, 외부의 강제도 아니다. 단
하나의 태도면 충분하다.

실패가 불가능한 것처럼 행동하라.

    이것이 바로 부적이며 공식이고, 실패에서 성공으로 우리를
되돌려 세우는 일제전환의 명령이다. 삶 속에서 문제아처럼
작동하면서도 거의 의식되지 않던 불신과 소심함, 우스꽝스러워
보일지 모른다는 두려움을, **하나의 단순한 상상 행위**로 치워버려라.
이미 예정되어 있고 피할 수 없는 성공을 향해 가고 있다는 사실을
알고 있을 때의 정신 상태를 포착할 수 있다면, 가장 먼저 찾아오는
것은 강력한 활력과 신선함이다. 마음이 안도와 감사의 한숨을
내쉬며, 오랫동안 웅크리고 있던 자신을 최대한으로 펼쳐 보이는
듯한 감각이 뒤따른다.

    이 지점에 이르면, 이 모든 과정에 마치 마법 같은 요소가 있다고
느껴도 무리는 아니다. 정상 범위를 넘어선 듯한 능력의 확장이
나타난다. 오래 막혀 있던 흐름이 풀리고, 마침내 올바른 방향으로
돌려진 그 흐름은 즉각적으로 힘을 얻으며 가속된다. 처음에는 이
효과가 언제든 깨질 수 있을 것 같은 불안이 남아 있을지도 모른다.
그러나 그것은 깨지지 않는다. 이것은 주문이 아니라, 일이 언제나
성공적으로 시작될 수 있다는 사실을 스스로에게 상기시키는
방식이기 때문이다. 이 기억이 유지되는 한, 성공적인 행동은 멈추지
않는다. 오히려 방해받지 않은 매 시간마다, 다음 시간들로 이어지는
약속이 자연스럽게 열린다.

    새로운 삶의 리듬을 아직 조직하지 못한 상태라면, 한꺼번에
열리는 가능성들 앞에서 잠시 당혹감을 느낄 수도 있다. 그러나 곧
알게 된다. 그동안 두려움과 불안, 염려는 단순한 부정적 감정이
아니라는 사실을. 그것들을 중요하게 취급하는 행동 자체가
실제적인 힘을 부여했고, 결국 현실의 일부로 만들어버렸다는

사실을 말이다. 그것들은 건강한 요소들의 대가로 자라난 기생적인 성장물이었으며, 우리가 그것들을 방치하는 동안 성장과 확장을 위해 쓰여야 할 에너지는 왜곡된 방향으로 소모되었다.

따라서 여기서 일어나는 일은 새로운 힘의 부여가 아니다. 두려움이 더 이상 좌절을 지배하지 못하도록 막았을 뿐이다. 그 결과, 이전에는 사용할 여유가 없었던 이미 존재하던 능력들이 모습을 드러낸다. 우리는 스스로도 알지 못했던 역량을 발견하고, 그 효과는 마치 방금 그것을 획득한 것처럼 느껴진다. 조건이 한 번 유리하게 바뀌면, 이 능력들이 스스로를 드러내는 속도는 놀라울 만큼 빠르며, 그 과정은 무엇보다도 즐겁다.

곧이어 찾아오는 또 하나의 경험은, 이전의 자신과는 비교할 수 없을 만큼 쉽게 지치지 않는 상태에 들어섰다는 감각이다. 이 공식을 적용해 시작된 작업 시간들의 실제 기록은, 아직 이를 경험하지 못한 이들에게는 과장처럼 보일지도 모른다. 그러나 중요한 점은, 이런 집중의 시간 뒤에 어떤 침체나 반동도 거의 나타나지 않는다는 사실이다. 앞에 놓인 과제들이 언제나 분명하게 보이고, 해야 할 일이 늘 남아 있기 때문이다. 마음이 과거의 시련과 가능한 모든 불운을 되짚느라 뒤로 물러나 있을 때에는, 동시에 앞으로 나아갈 수 없다. 그러나 그 불필요한 임무에서 마음을 한 번만 면제해주면, 이전에 더듬거리던 길을 이제는 가볍게 통과하며 보답한다.

성공적인 작업 하나에서 다음 작업으로 자연스럽게 넘어가는 법을 익히는 데에는 약간의 자기 훈련이 필요하다. 방금 끝낸 일이 얼마나 수월했는지를 곱씹거나, 자신이 얼마나 놀라운 성과를 운 좋게 해냈는지를 지나치게 음미하느라 시간과 에너지를 소모하지 않는 법을 배우는 일이다. 물론 그 과정은 즐겁지만, 자칫하면 다음 작업으로 나아갈 탄력을 잃게 만든다. 다만 며칠 정도의 시간은 충분히 허용할 만하다. 아직 지치지 않은 상태에서 다음 활동을 기대하게 되고, 새로운 체제 아래서의 첫 성공이 곧 마지막이 될 위험은 거의 없기 때문이다.

혹시 이 절차를 곁눈질하며, 이것이 성공의 감각을 자기기만으로 조작하려는 시도처럼 느껴진다면, 그것은 오해다.

우리는 모두 일상에서는 철저한 실용주의자이자 경험주의자다.
우리에게 진리란 추상적으로 옳은 것이 아니라, 실제로 작동하는
것이다. 무엇이 삶을 앞으로 움직이게 하는가가 곧 우리의 실천적
기준이 된다. 진리를 '작동성'으로 정의한 실용주의 철학자 윌리엄
제임스가 말했듯, **우리의 생각은 그것이 중개자의 역할을 얼마나
성공적으로 수행하느냐에 따라 참이 된다.** 인간 인식의 허구성을
실천적인 전제로 사유한 독일의 철학자 한스 파이힝거 역시 『마치
~인 것처럼의 철학』에서 이 문제를 보다 체계적으로 전개했다.
그의 이론 전체를 받아들일 필요는 없지만, 삶의 대부분의 국면에서
우리는 어떤 전제가 참인 것처럼 행동하지 않으면 아무것도 시작할
수 없다는 점만큼 분명하다.

사실 우리의 실천을 떠받치는 수많은 개념들에 대해, 그것의
실재성이나 효력, 심지어 개연성까지 매번 증명하려 든다면, 행동할
시간은 거의 남지 않을 것이다. 그래서 우리는 대체로 신뢰할 만한
권위나 축적된 경험이 제시한 전제들을 받아들이고, 실제 경험이
그것을 의심하게 만들기 전까지는 유효한 것으로 사용한다. 그
이후에야 우리는 그것들을 재검토하고, 때로는 스승들과 다른
결론에 도달한다. 그러나 적어도 우리의 행위 규범과 가치 기준이
실천적으로 작동하는 동안에는, 그것들이 언제 어디서나 타당한
것처럼 행동한다.

따라서 일상에서 반복적으로 무력감을 느끼고, 작업에서
생산적이지 못하다면, 그만큼 당신은 실패를 의지하는 방식으로
살아가고 있는 셈이다. 이 태도를 의식적으로 전환하라. **당신의
〖마치 ~인 것처럼〗을 생기 있고, 앞으로 나아가며, 성취를 향하는
방향으로 설정하라.** 그 순간, 성공은 더 이상 막연한 가능성이
아니라, 당신 자신의 삶 속에서 작동하는 하나의 진리가 된다.

자연의 법칙은 단순하다. 행하라, 그러면 힘을 얻게 된다. 그러나
행하지 않는 자에게는, 힘도 없다.

❻ 작동 방법

당신이 상상력이 특히 남들보다 생생한 사람이라면, "실패가
불가능한 것처럼 행동하라"는 이 한 문장만으로도 이미 실천의
궤도에 상당 부분 올라서 있을 것이다. 그렇지 않거나, 과거의
실패로 깊이 상처받은 경험이 있다면 행동에 옮기는 데 약간의
저항을 느낄 수 있다. 그러나 그 저항이 반드시 클 필요는 없다. 조금
더 천천히 접근하면 된다.

　핵심은 이것이다. 지금 서 있는 자리에서 곧바로 시작하려
들지 말라는 것—정확히 말해, 시작하려 애쓰거나, 시작하겠다고
맹세하거나, 내일이나 모레쯤 시작할 것이라 스스로를 설득하지
말라는 것이다. 그런 시도들에는 언제나 자신의 능력에 대한 의심과
과거의 고통스러운 기억이 달라붙어 있다. **그렇기에 먼저 시간을
들여 마음 상태를 준비하는 것이 우리에게 필요하다.** 곧 작업에
들어가게 될 바로 그 정신 상태를 말이다.

　중요한 약속이 있을 때 우리는 씻지도 않은 채, 아무 옷이나
걸치고 허둥지둥 나서지 않는다. 가능한 한 자신을 정돈하고,
스스로를 가장 잘 보이게 만들기 위해 신경을 쓴다. 옷을 다듬고,
깨끗이 하며, 자신의 장점을 살피고 단점은 가린다. 그리고 그
약속의 자리에 나가서는, 그 고양된 상태가 마치 자신의 평소 모습인
것처럼 행동하려 애쓴다.

　지금 당신이 향하고 있는 것도 하나의 약속이다. 성공한 자기
자신과의 약속이다. 그 약속이 실현되도록 하려면, 어떤 마음가짐이
필요할까?

먼저 하나의 모델을 떠올려보자. 누구나 어떤 형태로든 한 번쯤은 성공을 경험해본 적이 있다. 그것이 아주 사소한 일이었어도 좋고, 학창 시절의 일이라도 괜찮다. 지금 하려는 일과 전혀 닮지 않았어도 문제없다. 되찾아야 할 것은 그 성과 자체가 아니라, 성공했을 때의 마음 상태다.

여기서 주의할 점이 있다. 성공 뒤에 따라왔던 도취감까지 끌어오려 들지는 말라. 그저 필요한 일을 해낼 수 있다는 안정감, 요구된 사실을 이미 알고 있다는 확신, 지금 하려는 일이 자신의 능력 범위 안에 있다는 조용한 자신감을 떠올려라. 그 순간을 둘러싸고 있던 상황을 가능한 한 선명하게 복원해보라.

이제 그 상태를 상상 속에서 현재의 작업으로 옮겨놓아라. 만약 지금 시작하려는 일이 처음부터 끝까지 무리 없이 진행될 것임을 알고 있다면, 시작하는 순간부터 최종적인 평가에 이르기까지 잘될 것임을 의심하지 않는다면, 당신의 마음은 어떤 상태일까? 막 출발하려는 그 순간, 어떤 감각 속에 있을까? 바로 그 지점에 주의를 집중하라. 그것이 당신의 작업 상태다.

그 상태에 이르기 전까지는 본격적으로 시작하지 말라. 대신 가능한 한 빨리 그 상태에 도달하겠다고 자신에게 요구하라. 그 감각을 붙잡았다면, 마치 명령을 기다리듯 잠시 그대로 머물러 있어라. 그러면 어느 순간 에너지가 풀려나듯 움직이기 시작하는 것을 느끼게 될 것이다. 당신은 이미 스스로에게서 작업 명령을 받은 셈이고, 이제 시작할 준비가 된 것이다.

그때가 되면 더 이상 자신을 억지로 밀어붙일 필요가 없다는 사실을 알게 된다. 모든 에너지는 오직 작업 그 자체를 앞으로 밀어내는 데 쓰인다. 이전에 시작이 그렇게 힘들게 느껴졌던 이유는, 작업을 하기 전에 자신의 관성과 불안을 밀어내느라 불필요한 추가 노동을 하고 있었기 때문이다. 그래서 늘 안개 속을 더듬는 듯했고, 반쯤 의식된 의심과 실패의 기억들이 몰려올 때마다 걸음을 멈춰야 했던 것이다.

작업을 시작하기 전에, 실패의 가능성을 검토하려는 충동 자체를 거부하라. 그것만으로도 길은 한결 깨끗해진다.

다음 단계는 분명하다. 진짜 피로가 찾아왔다고 느낄 때까지 작업하라. 여기서 말하는 것은 진짜 피로다. 초반에 주의력이 흐트러지는 순간은, 당신의 관심이 다른 곳으로 새어 나간 틈을 타 예전의 마음 상태가 다시 스며들려는 신호일 뿐이다. 그런 때에는 잠시 멈춰 서서 스스로에게 분명히 말하라. **"아니, 나는 그렇게 생각하지 않을 거야."** 그 충동을 밀어내고 다시 작업을 이어가라.

근육과 정신이 정직하게, 이제는 멈춰야 한다고 항의할 때가 오면 그때 비로소 쉬어도 된다. 만약 근무 시간이나 집단의 리듬이 당신을 붙잡고 있다면, 예전의 마음 상태가 되돌아오려는 기미를 느끼는 순간, 혹은 새로운 방식으로 부드럽게 나아가기 위해 동료 한 사람의 태도를 조정해야 할 것 같을 때, 잠시 조용히 자리를 떠 혼자 있는 시간을 가져라. 자신감 있는 태도가 다시 자리 잡을 때까지 혼자 머문 뒤, 그제야 집단으로 돌아가라. 그렇게 하고 나면 휴식의 시간 역시 훨씬 온전히 누릴 수 있을 것이다.

다만 어떤 사람들에게는 주의가 필요하다. 과거에 너무 깊이 상처받은 경우, 자기 자신에게 무분별한 관용을 베푸는 일은 오히려 해가 될 수 있다. 이런 경우에는 이 체계를 하루 중 아주 짧은 시간에만, 그리고 비교적 부차적인 욕망을 대상으로 연습하는 편이 낫다. 대부분의 교육자들은 아이가 자신감 있고 유능하게 행동하도록 돕는 가장 좋은 방법은, 아직 충분히 훈련되지 않은 능력으로도 해낼 수 있는 작은 과제를 먼저 수행하게 하는 것이라는 데 동의한다.

도로시 캔필드 피셔는 『자립』에서 이렇게 말한다. "성인기의 성공과 실패는, 자신의 꿈을 실현하는 문제에 얼마나 많은 에너지와 용기, 자립심을 가지고 달려드는가에 크게 좌우된다. 그리고 어떤 일이든 자기 신뢰는 대개 과거의 성공에 대한 기억에서 나온다."

또 윌리엄 어니스트 호킹은 『인간 본성과 그 재구성』에서 이렇게 썼다. "교육이란 멈칫거리는 정신에 하나의 작업 방법과 몇 가지 성공의 사례를 제공하는 일이다. 절망에 빠진 아이를 사소한 성공으로 이끄는 일이 만들어내는 기적만큼 아름다운 것은 거의 없으며, 난이도를 단계적으로 높여가면 반복되는 성공의 축적

속에서 작은 의지는 처음에 자신을 가로막았던 장애물을 훌쩍
넘어선다."

그러므로 우리 자신에게도 같은 원리가 적용된다. 만약 자기
신뢰를 잃었다면, 어떤 이유로든 아직 충족되지 않은 작은 욕망
하나를 찾아야 한다. 이런 기회는 거의 모든 삶 속에 존재한다.
성공을 향한 이 실험들에서 필요한 것은, 어떤 욕망이 꿈의 영역에서
실현의 영역으로 옮겨지거나, 충분히 효과를 내지 못했던 절차가
조금 교정되는 것뿐이다.

다음으로는, 부차적인 재능을 개발함으로써 중요한
문제들에서의 자신감이 자연스럽게 뒤따라오는 몇 가지 사례를
살펴보자.

내 주변에는 최근 점토 조형을 배우고, 더 나아가 도자기의
채색과 유약 작업까지 익힌 한 의사가 있다. 그는 분명한 의도를
가지고 이 일을 시작했다. 정신과 의사인 그의 본업은 언제나
다루기 까다로운 인간스러운 재료와 씨름해야 하는 일이었기
때문에, 부업에서라도 성공의 경험을 확실히 얻고자 했던 것이다. 한
영역에서 획득한 자신감은 그대로 그의 고된 일상 업무로 옮겨갔고,
동시에 마음을 새롭게 하는 몰입적인 취미 하나가 더해졌다. 게다가
그의 조형 작업은 늘 흥미로웠고, 때로는 정말로 뛰어난 수준에
이르렀기 때문에 또 하나의 인정의 원천이 되었다.

사람들은 아마 이렇게 말할 것이다. "원래부터 재능이
많았겠지." 그러나 그가 지니고 있었던 것은 특별한
재능이라기보다, 자신이 언제나 조형이라는 생각에 끌려왔다는
사실에 대한 자각이었다. 그는 서른이 넘어서야 처음으로 점토를
만졌다. 누구나 한 번쯤은 느껴봤을 법한 욕망 하나를, 그는 기쁨과
자기 신뢰의 원천으로 바꾸어놓았을 뿐이다.

또 하나의 예를 들자면, 다른 지역에 있는 한 미술관에는 쉰이
넘어서 그림을 배우기 시작한 한 사업가의 이름이 붙은 방이 있다.
그의 작품은 출품자의 이름이 공개되지 않는 공모전에 제출되어
1등을 차지했다. 현재 그곳에는 중년의 사업가와 전문직 종사자들이
모여 미술을 공부하고, 실제로 훌륭한 작업을 만들어내는 모임들도

존재한다.

또 다른 사례로, 어린 시절 아무런 기회를 얻지 못했던 서른 살의 한 사무직 여성은 평생 피아노를 치고 싶어 했다. 어느 날 퇴근길에, 다행히 억누르지 않은 충동에 이끌려 창문에 작은 간판으로 음악 레슨을 알린 집으로 들어갔다. 물론 그녀의 성공은 상대적인 것이다. 훌륭한 연주자가 되기에는 시간이 부족했고, 전문 연주자가 사용하는 특수한 근육을 훈련하기에는 시작이 늦었다. 그러나 그녀는 자신의 목표에 비추어 성공했다. 그 한 번의 용기 있는 선택으로 삶 전체가 달라졌기 때문이다. 연주자만이 가질 수 있는 방식으로 음악을 이해하게 된 기쁨뿐 아니라, 그녀는 분명히 알고 있었다. 자신이 성인다운 방식으로 행동했고, 그 결과 삶의 모든 관계에서 더 큰 자신감을 얻게 되었다는 사실을. 집안에서 억눌린 존재였던 그녀는 이제 작은 독립된 아파트에서 살며, 가족과는 적당한 거리 속에서 왕래하고, 자신의 취향을 공유하는 친구들의 모임을 만들어냈다.

이 세 가지 사례는 적어도 올바른 절차가 무엇인지를 분명히 암시한다. **꿈을 현실로 바꾸는 구체적인 한 걸음을 실제로 내딛으라는 것이다.**

이를테면 여행을 하고 싶지만 한 번도 해본 적이 없다고 하자. 이 꿈을 꿈의 영역에서 현실의 영역으로 옮기기 위해서는 몇 가지 분명한 준비가 필요하다. 만약 그것들을 전혀 하고 있지 않다면, 그것은 이성적 판단이 아니라 유아적인 무의식이 여전히 삶의 조건을 지배하고 있다는 신호일 수 있다.

예를 들어 이탈리아에 가고 싶다면, 이탈리아어를 몇 마디 할 수 있고, 이탈리아어로 된 메뉴판을 조금 읽을 수 있으며, 이탈리아의 역사에 대해 어느 정도 알고 있다면 여행은 훨씬 더 풍요로워질 것이다. 당신은 그렇게 하고 있는가? 훌륭한 소형 문법서와 회화집, 역사서는 얼마든지 있다. 조용히 그중 하나를 사는 것보다 더 좋은 시작이 어디 있겠는가?

또 무엇이 필요할까? 시간과 돈이다. 그렇다면 흔히 쓰는 말을 거꾸로 뒤집어 이렇게 말해보라. 돈은 시간이다. 여행할 자금이

있다면, 곧 여행할 시간도 있는 셈이다. 그러니 그것을 마련하기
시작하라. 매일 조금씩 저축하되, 거기서 멈추지 말라. 여가 시간에
어떤 일을 하면 여행을 위한 돈을 조금 더 벌 수 있을지 생각해보라.
사소해 보이는 아르바이트일지라도, 그 보수를 여행이라는 의도에
온전히 바친다고 생각한다면, 당신은 이미 성공적인 삶을 향해
행동하고 있는 것이다.

　　여행을 꿈꾸던 한 젊고 과로에 시달리던 편집자가 있었다. 그는
뉴욕에서 발행되는 한 이탈리아 신문의 사무실을 찾아가, 자신이 쓴
광고 문구를 이탈리아어로 옮기는 데 도움을 받았다. 광고의 내용은
이랬다. 영어 혹은 저널리즘 수업을 제공하는 대신, 이탈리아어
수업을 교환하겠다는 제안이었다. 여기서 중요한 것은 대가 없는
꿈이 아니라, 교환 가능한 현실적 제안이라는 점이다. 그로부터 2년
뒤 그는 한 소년의 가정교사이자 동반자로 이탈리아에 갔고, 현재는
외교 공무원 조직에서 하급이지만 정식 직책을 맡고 있다. 이는 그가
오래전부터 마음속에 품어왔지만, 생계의 한계선까지 몰려 살아야
했기에 오랫동안 불가능하다고 여겼던 목표였다.

　　여기서 반드시 주의해야 할 점이 있다. **이러한 첫걸음들을
자기 자신과 벌이는 또 하나의 정교한 공상 놀이로 전락시키지
말아야 한다는 것**이다. 목표가 아무리 멀어 보이더라도, 그 목표를
향해 매일 무엇인가를 실제로 하라. 조형을 좋아한다면 내일 당장
문구점에 들러 점토를 사라. 여행을 꿈꾼다면 안내 책자를 찾아보라.
정말로 단 한 푼도 쓸 수 없다면, 가까운 공공도서관에 가거나
사서들의 도움을 받는 것만으로도 충분하다. 이 단계는 '행동을
가장한 준비'가 아니라, 행동 그 자체다.

　　처음에는 당신이 하려는 일을 다른 사람들에게 가능한 한
말하지 말라. 말하기 전에 먼저 효과를 만들어라. 너무 이르게
말해버리면, 당신이 일상적인 관성에서 벗어나 무언가를 하려는 데
대해 보이지 않는 저항이 작동하고 있음을 느끼게 될지도 모른다.
그리고 그 느낌은 부분적으로 옳다. 아직도 꿈, 곧 실패하려는
의지의 지배 아래에 있는 사람들은 누군가가 거기서 벗어나려는
모습을 보면 불편해진다. 그들은 그 낯선 행동 속에서 자신들에 대한

암묵적인 비판을 감지하고 불안해진다. 무의식은 언제나 자신의 지배력이 위협받고, 공상에 빠져 있을 여지가 줄어드는 것을 즉각 알아차린다. 그래서 저항하기 시작한다.

이 싸움이 가장 흔히 취하는 형태는 인용이다. 겉보기에는 현명해 보이지만 실제로는 자기 위안을 위한 격언들이, 현실을 거부하는 사람들의 입에서 흘러나온다. "세상이 변해도 마음은 그대로야" 같은 말들이 원래의 맥락과는 전혀 다른 의미로 사용된다. 혹은 "남의 떡이 더 커보일 뿐이야"라는 말을 들을 수도 있다. 자기 밥그릇 너머를 들여다볼 수고조차 하지 않는 사람들에게서 말이다. 격언이 통하지 않으면, 이번에는 농담과 놀림으로 방향을 튼다.

그러나 당신이 정말로 지금 그 상태에서 벗어나고 있다면, 당신은 이미 현실과 일종의 공모 관계에 들어선 것이다. 이는 이전보다 조금 더 직접적이고, 조금 더 용기 있게 행동했을 때 삶에서 무엇을 얻을 수 있는지를 시험해보겠다는 암묵적인 합의다. 그러니 시작부터 낙담하거나 위축되거나, 놀림을 받는 위치에 스스로를 놓지 말라. 머지않아 당신의 행동이 스스로 말해줄 것이고, 그것만으로도 충분한 정당화가 될 것이다.

이때 당신이 자신에게 던져야 할 첫 질문은 언제나 이것이다.
"만약 내가 이 일에서 실패하는 것이 정말로 불가능하다면, 지금 나는 무엇을 하고 있을까?"

그것이 여행이든, 조형이든, 글쓰기든, 농사든 상관없다. 춤을 추는 일일 수도 있고, 옷을 만드는 일, 미적분이나 프랑스어를 공부하는 일, 더 나은 외모를 가꾸는 일, 더 많은 음악을 듣는 일일 수도 있다. 무엇이든 좋다. 조금만 생각해보면, 꿈이 아니라 현실과 관계를 맺고 있다면 첫 단계가 무엇일지는 어렵지 않게 드러난다. 이제 당신은 현실과 관계를 맺고 있다. 그 첫걸음을 내딛어라. 그리고 다음 걸음을 묻고, 또 그다음을 묻다 보면, 그 야망 자체가 당신의 삶 속에서 점점 형태를 갖추기 시작하는 것을 보게 될 것이다.

그 야망은 마치 독립적인 생명체처럼 자라나며, 더 이상

당신이 그것을 좇아다니지 않아도 되는 단계에 이른다. 오히려 그것이 당신을 데리고 간다. 실제로 그런 일이 일어난다. 어느 순간 당신은, 스스로 시작한 행동이 만들어낸 추진력에 실려 빠르고 수월하게 나아가고 있음을 발견하게 될 것이다. 한 노분석가는 환자들에게 이렇게 말하곤 했다. "삶은 무한히 유연하다." 이 말이 다소 과장처럼 들릴 수도 있다. 그러나 한 가지는 분명하다. 우리가 행동하기를 거부하는 동안 보이는 것보다, 삶은 훨씬 더 잘 휘어지고, 훨씬 더 많은 형태를 받아들일 수 있다.

이 모든 일은 사소해 보일지도 모른다. 그러나 바로 이 '작은 일들이 제대로 수행된 총합'이야말로 삶을 판에 박힌 일상과 무기력한 반복 상태로부터 들어 올리는 힘이다. 여기서 중요한 것은 규모가 아니라 방향과 축적이다.

가령 하루를 시작하기 전에, 그날을 상상 속에서 미리 훑어보라. 만나게 될 사람들, 마주칠 상황들을 떠올리고, 그것들이 가장 원활하게 흘러가려면 어떤 방식이 좋을지 가늠해보라. 자신의 목소리에 귀를 기울이며, 정중하면서도 반박의 여지를 남기지 않는 톤이 될 때까지 스스로 조율하라. 이 과정은 자기검열이 아니라, 자기조율이다.

이것만으로도 당신은 언제든 성공 행동하기를 시작할 수 있다. 그 결과 하루의 업무를 훨씬 덜 피로하게 마치게 될 것이고, 남은 에너지로는 오랫동안 마음속에만 간직해왔던 작은 소망 하나쯤을 실제로 이루기 시작할 수 있을 것이다. 그리고 바로 거기서부터, 당신이 오래도록 바라고 꿈꿔왔던 더 큰 일들—미루어왔고 두려워했던 그 일들—로 나아가는 데까지는, 단 한 걸음만이 남는다.

❼ 주의사항과 오해들

이제 조금 더 나아가기 전에, 내가 조언할 일상의 실천들과 지금껏
이야기해왔던 것들이 무엇을 포함하지 않는지를 분명히 해둘
필요가 있다. **우선 내가 할 조언은 스스로를 최면에 걸어 성공하게
하라는 말이 아니다.** 이 점은 특히 중요하다. 많은 사람들이—그럴
만한 이유도 있지만—자기암시의 형태를 띠더라도 최면에 기반한
모든 것을 본능적으로 경계하고 불안해하기 때문이다.

여기서 권해지는 것은 아주 최소한의 의지다. 새로운 방식을 한
번 시험해보겠다고 결정할 정도면 충분하다. 그 다음에는 상상력이
자연스럽게 주도권을 넘겨받아, 마음이 맑고 차분하며 '기분 좋은'
상태로 정렬되도록 한다. 혼란스럽거나 불안하거나 흐릿한 상태가
아니라, 안정적으로 작동하는 상태를 말한다.

결정적인 차이는 바로 여기에 있다. 강도 높은 자기암시는,
마음을 이전의 침체에서 벗어나게 하기보다는 오히려 현실로부터
떼어내는 방향으로 작동할 위험이 있다. 과도하게 고양된 상태에
빠질 가능성을 우리는 조심해야 한다. 그런 정점 위에서는
지속적으로 살 수 없다. 설령 가능하다 해도, 다시 현실 세계에서
효과적으로 행동하지 못하게 된다. 그리고 행동이 없는 상태는,
성공에서만큼이나 자기기만에서도 이전과 다를 바 없다.

우리에게 필요한 것은 차분하고 막힘없이 이어지는 행동이다.
그다음에야 비로소 안정된 형태의 기쁨이 시작된다. 의심에서
벗어난 마음은 자신의 활동을 즐기며 확장되고, 만족스러운 행동의
보상들이 자연스럽게 뒤따른다. 이때의 고양감은 망상이나 최면과
무관하며, 반동으로 무효화되지 않는다.

둘째로, 여기서의 조언은 "나는 실패할 수 없다", "나는 하는
일마다 성공한다" 같은 확언을 반복하라는 뜻도 아니다. 이 방식은
어떤 이들에게는 도움이 되지만, 원리를 충분히 이해하지 못한 채
따르면 자기최면과 다르지 않게 된다.

확언을 사용하는 종교적·사상적 전통에는 존중할 만한 지점이 많다. 세계의 다양성 뒤에 궁극적 통일성이 있다는 생각 역시 쉽게 부정할 수는 없다. 그럼에도 우리는 육체와 성격, 그리고 구체적인 세계에 의해 일정하게 조건지어져 있다. 행동주의자든 철학자든 이 점에는 이견이 없다. 그러므로 우리는 실제의 삶에서는, 세계가 선과 악이 거의 비슷한 비중으로 분포된 이중적 구조를 지니고 있다고 가정하며 행동할 수밖에 없다.

대부분의 사람들은 자기확언을 시도하다가 일상의 상식 앞에서 멈춰 선다. 그래서 그것을 효과적으로 활용하는 사람 한 명에 비해, 우스꽝스럽다고 느끼는 사람이 백 명쯤 되는 것이다. 잠시 효과를 보다가 오히려 이전보다 더 혼란스러워지는 경우도 드물지 않다. 이 방식이 기질적으로 잘 맞는 사람들에게는 아무런 비난도 필요 없다. 그러나 약간의 회의주의만 있어도, 확언은 도움이 되기보다 짜증과 자기 불신을 키울 가능성이 크다.

셋째로, 여기서의 조언은 밖으로 나가 성공한 척 포즈를 취하거나, 가장하거나, 노골적으로 거짓말을 하며 타인에게 인상을 남기라는 뜻이 아니다. 적어도 **처음에 인상을 남겨야 할 대상은 오직 자기 자신**이다. 그것도 스스로에게 일하기에 적절한 분위기를 만들어 주는 정도면 충분하다. 요컨대 권고는 단순하다. 실패가 불가능한 것처럼 행동하라.

그리고 무엇보다도, 이전보다 조금 더 구체적이고 그럴듯해 보일 뿐 여전히 과거의 공상과 다르지 않은 또 하나의 성공 판타지에 빠지라는 말도 아니다. 여기서 요청되는 상상력의 사용은 전혀 다른 방식이며, 이 차이는 분명히 짚어볼 가치가 있다.

지그문트 프로이트 이전에, 르네상스 인문주의자 피코 델라 미란돌라는 『상상에 관하여』라는 소론에서 두 종류의 몽상을 구분한 바 있다. 하나는 퇴행적이며 과거로 되돌아가 인간을 그의 고유한 과업으로부터 떼어놓고, 무책임과 정신적 유년기를 연장시키는 상상이다. 다른 하나는 성공한 인간에게서 발견되는, 현실과 결합된 참된 상상력이다.

프랑스의 도덕주의 사상가 조제프 주베르는 이 차이를

더욱 간명하게 표현한다. 그는 환상에 '상상력'이라는 고귀한 이름을 부여하기를 거부하며 말한다. 환상은 동물적 능력이며, 지적인 상상력과는 전혀 다르다고. 전자는 수동적이지만, 후자는 능동적이고 창조적이다.

여기서 요청되는 것은 바로 이 창조적 상상력이다. 이 점을 분명히 인식하고 있다면, 삶이 흘러가는 동안 세계를 머릿속에서만 다른 모습으로 바꾸는 낡은 습관으로 다시 미끄러질 위험은 없다.

다시 한 번 기억하라. 성공은 마음과 몸의 플러스 상태, 일할 수 있는 힘, 그리고 용기에 달려 있다. 지금 내가 하고 있는 정신적 작업이 공상인지, 아니면 올바른 상상인지를 가르는 기준은 단 하나다. **상상 뒤에 실제 행동이 따르는가.** 실수를 바로잡고 불만족스러운 습관을 교정하는 데 필요한 시간을 넘어서까지 뒤로만 향하는 모든 정신 활동은 마이너스이며, 더 충만한 삶을 원한다면 지속될 수 없다.

3부
살아 있는 삶을 만들기

❽ 숨을 아끼는
법에 대하여

앞에서 나는 '말하지 말라'는 조언을 종종 반복해왔다. 그래서
혹시 내가 성공의 전제 조건 가운데 하나를, 심술궂은 침묵 속으로
스스로를 가라앉히는 것이라 믿고 있는 것처럼 보일지도 모르겠다.
그러나 이는 사실과 다르다. 충분히 말하고, 설득력 있게 말하며,
주변 사람들과 우호적인 관계를 맺고 유지하는 일은 효과적인 삶을
위해 분명히 중요하다. 다만 우리는 너무 많이, 너무 이른 순간에,
혹은 잘못된 목적을 가지고 말하기 쉽다.

　　말이 과도할 때의 위험을 민간의 지혜가 오래전부터
인식해왔다는 사실은 수많은 속담만 보아도 알 수 있다. "말은
은이요 침묵은 금이다", "말이 많으면 일이 적다", "짖는 개는
물지 않는다" 같은 말들, 혀를 '길들여지지 않은 지체'라 부르고
수다쟁이의 혀가 '한가운데 매달려 있다'고 표현하며, 선동가를
'허풍쟁이'라 부르고 말수가 적은 사람을 칭찬하는 전통까지—이
모든 것은 같은 통찰을 가리킨다. 우리는 때로 간결한 말의 힘에
불편할 만큼 깊은 인상을 받는다.

　　이 문제를 과장할 필요는 없지만, 침묵을 권하는 몇 가지 이유는
분명히 짚을 만하다. 모든 위대한 종교적 훈련은 말의 통제를 배우는
지혜를 강조해왔다. 여러 기독교 전통은 침묵을 수행으로 삼았고,
어떤 이들은 평생 침묵을 서원하기도 했다. 인도의 오래된 철학적
종교 전통에서는 말의 통제뿐 아니라 호흡의 통제까지 포함하는
훈련의 한 국면이 중요하게 다뤄진다. 힌두교의 프라나야마가
그것이다. 라틴어에서 '호흡'과 '영혼'을 뜻하는 단어가 같은 어근의
남성형과 여성형이라는 사실, 그리고 그리스어에서는 두 단어가
동일하다는 점은 우연이 아니다.

　　언뜻 보기에 사소해 보일지 모르지만, 여기에는 중요한 의미가
담겨 있다. **호흡은 우리가 의지를 통해 통제할 수 있는 몇 안
되는 비자발적 신체 행위다.** 다시 말해, 호흡은 의식과 무의식의

경계선에 놓여 있다. 말할 때와 침묵할 때를 스스로 선택할 수 있는 사람은, 자기 통제를 지닌 사람이다.

무의식이 우리를 지배하고 있을 때, 우리는 말의 모든 결과를 알았다면 결코 선택하지 않았을 방식으로 말하게 된다. 반쯤 인식된 압박을 해소하려는 필요에 떠밀려 말하는 것이다. 그 결과 우리는 자신의 어려움을 농담 섞어 푸념하며 스스로를 더 의식하게 만들거나, 반항적으로 변명하거나, 사소한 부당함을 불평하다가 상황에 비해 지나치게 많은 동정을 불러일으키는 데 스스로 놀라기도 한다. 일단 타인에게서 동정과 관용의 샘을 발견하면, 그것을 이용하지 않을 만큼 성숙하지 못한 경우가 많고, 그로써 유아성을 강화하며 성장을 스스로 가로막는다.

'실패하려는 의지'의 가장 교묘한 계략 가운데 하나는, 불필요한 조언을 구하도록 사람을 몰아넣는 것이다. 조언을 구하는 깊은 동기—적어도 불필요한 경우에 한해서는—우리가 이미 성인임에도 여전히 보호받고 소중히 여겨진다는 감각을 유지할 수 있다는 데 있다. 그러나 이는 동시에 실패에 대한 선제적 변명을 마련하는 일이기도 하다. 타인의 조언에 따라 행동했다가 실패한다면, 그 실패는 우리의 것이 아니라 조언자의 책임이 되지 않는가? 그렇게 우리는 성공적인 행동을 공상 속에 남겨둔 채, 처음의 충동을 따랐더라면 결코 실패하지 않았을 것이라는 믿음을 유지할 수 있다.

이러한 동기들이 작동할 수 있음을 안다면, 조언을 구하고 싶은 모든 충동을 면밀히 점검하는 것이 현명하다. 그 욕구의 출처가 의심스럽지 않다고 판단되더라도, 도움을 구하기 전에 스스로에게 던져야 할 질문은 하나뿐이다.

"이 문제를 스스로 해결한다면, 오직 내 시간만 소모하게 되는가?"

이 질문에 대한 답이 "그렇다"라면, 그에 들이는 시간이 결과의 중요성에 비해 지나치게 불균형하지만 않다면, 대체로 문제를 독자적으로 해결하는 편이 더 낫다. 특히 창작 노동자라면, 독자적인 기법을 찾아가는 데 쓰인 시간은 거의 결코 낭비가 되지 않는다는 점을 기억해야 한다.

우리는 흔히 모국어가 아닌 언어로 글을 써 세계문학의 반열에 오른 작가나, 현대 이론의 기초를 세운 학자들의 성취를 기적처럼 여긴다. 그들이 언어적·제도적·전문적 도움을 거의 받지 못한 채 문제를 혼자 해결해야 했다는 사실을 떠올리면, 그것은 엄청난 장애처럼 보인다. 그러나 실상은 정반대다. 독립적으로 행동해야 했다는 필연성 자체가 그들의 성공 조건 가운데 하나였으며, 이를 인정한다고 해서 그 성취의 가치를 조금도 깎아내릴 필요는 없다.

우리 대부분은 서로를 지나치게 떠받치고 또 기대는 관계 속에서 일한다. 그 결과물은 재능과 기법, 취향이 뒤섞인 일종의 잡탕이 되어, 비슷한 다른 결과들과 쉽게 구별되지 않는다. 오늘날의 평범한 소설 한 권을 떠올려보라. 잡지에 실린 광고의 레이아웃과 문구, 삽화를 보라. 여러 애니메이션을 살펴보라. 각각 분명 한 사람, 혹은 한 조직이 만들었음에도, 마치 하나의 중앙 제작소에서 동일한 기준으로 찍어낸 것처럼 보인다고 말하는 것이 과장일까.

우리는 이런 산출물들을 큰 불평 없이 소비하지만, 진정한 보상은 언제나 새로움이나 독자성을 만들어내는 이들에게 돌아간다. 그러므로 아무리 고되고 고독하더라도, 독자적인 기법을 끝까지 다져내는 일은 들인 시간과 감내한 고독에 충분히 값한다. 이 점을 분명히 염두에 두고, 이제 언제 조언을 구해야 하는지를 생각해보자.

만약 당신에게 진정한 문제가 있다면, 필요한 첫 단계는 그것을 글이나 말로 정확히 정식화하는 일이다. 무엇이 당신을 괴롭히는지 분명히 드러내야 한다. 문제를 마음속에서만 맴돌게 두면, 실제보다 훨씬 더 크고 모호해 보이기 마련이다. 그 다음에는 전문가를 찾되, 친구든 낯선 사람이든 상관없이, 자신의 관점과 비교적 잘 맞는 사람—사고 방식이 유사하거나 조화로운 사람—을 찾기 위해 노력해야 한다. 이 과정을 거치지 않으면, 그는 조언자가 아니라 당신의 자기 점검을 들어주는 청중에 그치게 되고, 결국 양쪽의 시간을 함께 낭비하게 된다.

대화가 성사되었다면, 모든 요점을 다루되 가능한 한 짧고 간결하게 말하라. 그리고 분명한 결과가 보일 때까지는 받은 조언을 그대로 따르라. 만약 "아, 그건 나한테는 안 맞아"라는 말이 곧바로 튀어나오려 한다면, 자신의 동기를 의심해야 한다. 그런 반응은 이미 머릿속에 실행 계획을 품고 있었고, 그 계획을 확인받고 싶어 했다는 뜻일 가능성이 크다.

조언과 지도를 대하는 잘못된 태도를 관찰하는 일은, 어떤 모범 사례보다도 더 많은 것을 가르쳐준다. 미술 수업에서 교사가 한 학생의 미완성 작품을 예로 들어 비평하는 장면을 떠올려보라. 흔히 교사는 다른 학생들을 이젤 주변으로 불러 모아, 그 작업을 텍스트 삼아 조언과 수정 과정을 보여준다. 그런데 이때, 가장 큰 도움을 받아야 할 바로 그 학생만이 오히려 아무것도 얻지 못하는 경우가 많다. 그는 개인적으로 모욕당했다고 느끼며 몸을 굳히거나, 방어적으로 굴고, 때로는 분노를 드러낸다. 즉, 아직 태도가 비개인화되지 못한 상태에서 반응하고 있는 것이다.

도움을 구했거나 스스로를 가르침의 관계 안에 두었다면, 실수로 상처받는 대신 실수로부터 전진하는 법을 배워야 한다. 올바른 절차로 되돌아가는 길을 안내받는 동안에는, 자신의 태도를 가능한 한 개인적 감정과 분리된 상태로 유지하라.

학교에 다니고 있거나 단체 수업이나 개인 지도를 받고 있다면, 충분히 숙고한 질문을 던질 수 있는 모든 기회를 활용하는 것이 현명하다. 그리고 얻은 정보를 실제로 적용해보고, 마지막으로—이

점은 매우 중요한데—그 조언을 따른 결과가 성공이었는지
실패였는지를 교사에게 반드시 알려라. 이는 당신에게만 유익한
일이 아니라, 교사 자신과 이후의 제자들에게도 도움이 된다.
학생들이 이런 식의 피드백을 주지 않는다면, 어떤 방법이 실제로
효과가 있었는지, 어떤 방법이 단지 그 교사 개인이나 소수에게만
유용한지를 알 길이 없기 때문이다.

  만약 계속해서 아무런 진전도 없다고 보고해야 하는 상황이
반복된다면, 두 가지 중 하나일 가능성이 크다. 당신이 설명을
충분히 이해하지 못하고 있거나, 애초에 당신에게 맞는 스승 밑에서
배우고 있지 않다는 뜻이다. 도제 수련의 시기를 지나고 나서는,
사소한 절차 하나하나에까지 도움을 받아야만 한다고 느끼는
방식으로 스스로를 약화시키거나 자기 의심을 키우지 않도록
주의해야 한다.

  모든 의사와 정신과 전문의는, 끊임없이 다시 찾아와 지나치게
많고 사소한 질문들을 쏟아내는 방대한 부류의 '환자들'을 알고
있다. 그들의 태도를 보면, 정말로 삶의 다른 모든 관계에서도
그렇게 무력했다면 과연 성숙한 어른으로 자랄 수 있었을까 의문이
들 정도다. 사기꾼이 아닌 이상, 그런 방문을 진심으로 반기는
전문가는 없다. 자신의 실패를 남의 탓으로 돌릴 구실을 찾는 사람,
혹은 가능하다면 끝내 어른이 되어 자기 문제를 스스로 해결하지
않으려는 사람은, 숨이 끊어질 때까지 조언을 구하게 마련이다.

  아무리 영리한 상담가라 해도, 드물게 질문하는 사람을 이런
의존적인 유형으로 오해하는 일을 피하기는 어렵다. 자신이 단순히
신경증적인 의존 습관을 따르고 있는지 점검하는 데에는 하나의
좋은 기준이 있다. 매번 이렇게 자문해보는 것이다.

  **"이 질문을, 만약 전문의의 진료비를 내야 한다면 그래도 할
것인가?"**

  주목받는 위치에서 일하는 바쁜 사람들은 개인 면담 요청을
끊임없이 받는다. 대개 그들은 재능 있거나 섬세한 초보자를
외면하는 위험을 감수하기보다는, 많은 수고를 들여 가능한 한
성실히 답해준다. 그러나 그 결과, 가차 없이 이용당하는 경우도

적지 않다. 때로 저명한 인물이 이런 종류의 질문에는 더 이상 응답하지 않겠다고 결심하는 일이 있는데, 이는 오만해졌기 때문도 아니고, 진정으로 곤경에 처한 사람을 돕기 싫어서도 아니다. 진지한 질문자와 의존적인 질문자를 가려낼 확실한 방법이 없고, 동시에 그 자신에게도 반드시 해야 할 일이 남아 있기 때문에, 마지못해 침묵을 택하는 것이다. 그는 이렇게 스스로를 설득한다. 자기 일을 해낼 준비가 된 많은 사람들은, 오히려 지나친 겸손 때문에 스스로를 주저하게 만들 뿐, 질문에 답을 얻지 못하더라도 결국 자신만의 만족스러운 해법을 찾아낼 것이라고.

그러므로 말하기, 하소연하기, 조언을 구하기, 제안을 요청하기—이 모든 것은 재교육의 시기 동안에는 차라리 내려놓는 편이 낫다. 궁극적으로, 그리고 이상적으로는 어떤 상황에서도 혼자 일할 수 있어야 한다. 당신이 필요하다고 느끼는 바로 그 순간에, 가장 친한 상담자나 가장 자극적인 친구가 언제나 귀를 기울여줄 것이라고 기대할 수는 없다. 작업의 일정한 지점마다 누군가를 찾아가야 한다는 습관을 들이고, 그것이 만족스러운 성과를 위해 필요하다고—비록 무의식적으로라도—느끼게 된다면, 당신은 이미 미래의 실패를 위한 토대를 쌓고 있는 셈이다.

더 나아가, 어떤 분야에 있든 가능한 모든 시간을 창조적 활동에 쏟다 보면, 결국 당신 자신의 작업들, 당신만의 경험의 총체가 생겨난다. 그러면 자연스럽게 '자기 재료에 대한 감각'을 얻게 된다. 그때가 되면, 과거에 겪었던 많은 문제들이 왜 생겼는지도 분명해진다. 그것들은 당신이 한동안 초심자의 위치에 있었기 때문에 생긴 문제였고, 자기 분야에서의 경험이 너무 적어 모든 어려움이 유일무이한 장애처럼 느껴졌기 때문에 생긴 것들이었다는 사실을.

❾ 상상력의 과제

이미 우리는 상상력이 생산적인 삶에 기여하는 바를 어느 정도 살펴보았고, 최선의 작업을 해내기 위해 필요한 유리한 정신적 기후를 조성하는 데에도 그 도움을 요청해왔다. 그러나 상상력의 쓰임은 그에 그치지 않는다. 그 활용 범위가 워낙 넓고 다양해, 동일한 능력이 이 모든 경우에서 작동하고 있다고는 좀처럼 믿기 어려울 정도다.

일상에서 우리는 흔히 상상력을 예술가에게는 "어쩌면 쓸모 있을지도 모르는 것"으로 여기면서도, 현실적인 삶을 사는 사람들에게는 오히려 실용성과는 거리가 먼 능력으로 생각한다. 일반적으로 상상력을 쓴다는 것은 아이디어를 내는 일, 정신을 풀어 딴생각에 잠기는 일, 마음이 느슨해져 햇볕을 쬐듯 쉬는 상태로 이해된다. 그렇게 상상 속을 떠돌다 돌아오면 기분이 새로워지기도 하지만, 한편으로는 시간을 허비했고 중요한 만남을 놓쳤으며, 동료나 협력자들과 보조를 맞추지 못했다는 대가를 치른 듯한 느낌이 남기도 한다.

그 결과 우리는 상상력을 경계하게 되었고, 때로는 억제하려 하거나, 극단적인 경우에는 아예 제거하려 들기까지 한다. 상상력이 가장 산문적인 일들에서도 실질적인 도움을 줄 수 있다는 생각에 선뜻 동의하지 못하는 독자도 많을 것이다. 이는 상상력을 언제나 통제 없이 떠도는 능력, 규칙이나 책임과는 무관하게 작동하는 능력, 이성이나 의지로는 방향을 잡을 수 없는 것으로 오해해왔기 때문이다. 그러나 **바로 의지의 명령 아래 놓이고, 이성과 나란히 작동할 때 상상력은 성숙한 창조적 상상력, 곧 하나의 본격적인 정신적 능력이 된다.**

이제 상상력이 실제로 얼마나 유용하게 쓰일 수 있는지 몇 가지를 살펴보자. 상상력은 우리로 하여금 자기 자신으로부터 일정한 거리를 확보하게 해준다. 그 덕분에 사물을 흐리게 만드는 감정과 편견을 가라앉히고, 상황을 보다 분명하게 바라볼 수 있다. 이를 통해 우리는 스스로의 최선의 이익을 반복적으로 방해하고 있다는 사실을 깨닫기도 하고, 아직 실행에 옮기기 전인 상상 속에서 그러한 행동을 더 나은 결과를 낳을 다른 선택으로 바꿔 시험해볼 수도 있다.

상상력은 또한 반대자나 비협조적인 '조력자'의 성격을 탐구하는 데에도 쓰일 수 있다. 소설가가 등장인물을 연구하듯, 그 사람을 관찰하고 가늠해보는 것이다. 그렇게 하면 그의 동기에 대한 단서를 얻을 수 있고, 이후 실제 상황에서 그 추정이 옳았는지를 검증할 수도 있다. 그 결과 우리는 섬세한 사람에게 지나치게 거칠게 대한다든지, 기회를 주면 우리를 이용할 사람에게 과도하게 관대해지는 같은 오류를 줄일 수 있다.

이 정도만 보아도 상상력이 공상이나 체념으로 우리를 배신하지 않으면서, 단순한 오락 수단에 머무르지 않고 얼마나 많은 기여를 할 수 있는지는 충분히 드러난다. 가능한 한 의지의 통제 아래, 이성과 나란히 작동할 때 상상력은 우리의 노력을 위한 새로운 영역을 탐색하게 해주고, 피로와 반복 속에서 사라진 일의 초기적 신선함을 되찾아준다. 나아가 새로운 시장을 발견하거나, 오래된 재능을 전혀 다른 방식으로 활용하는 길을 찾아내는 것처럼 극히 실용적인 기능까지 수행할 수 있다.

이러한 생각들은 여기에서 조금 더 면밀히 검토할 가치가 있으며, 뒤에서는 상상력을 사용하는 몇 가지 구체적인 연습을 덧붙이게 될 것이다.

우리는 흔히 "경험을 통해서만 배운다"고 말하지만, 굳이 그 부류에 속할 필요는 없다. 새로운 활동에 뛰어드는 것을 두려워하는 마음의 상당 부분이, 과거에 앞으로 나아가려다 맞닥뜨렸던 고통에 대한 정복되지 않은 기억에서 비롯된다는 사실을 안다면, 삶의 시행착오 가운데 일부는 실제 행동 이전에 마음속에서, 상상 속에서 치를 수 있다. 그곳에서는 거의 모든 의미에서 고통이 없다. 우리는 상상적으로 앞을 내다보는 법을 배울 수 있고, 그로써 불필요한 실수와 무기력, 에너지와 시간의 낭비를 크게 줄일 수 있다.

무엇보다 먼저, 우리는 상상력을 사용해 자기 자신과 자신의 일을 일정한 거리와 비율 속에서 바라볼 수 있어야 한다.

어린 아이는 자신이 소유한 모든 것, 자신이 하는 모든 일, 자신을 돌보는 모든 사람과 자신을 완전히 동일시한다. 그래서 자기 물건을 나누라는 요구에 분노하고, 사랑하던 장난감이 부서지면 그것을 하나의 비극으로 받아들이며, 소풍을 가기로 한 날 비가 오기라도 하면 다시는 해가 뜨지 않을 것처럼 절망한다. 부모가 잠시 자리를 비우기라도 하면, 그는 극도의 배신을 당했다고 느낀다. 실제로 초기 교육의 상당 부분은, 이 작은 이기주의자에게 자신을 세계 속의 더 정확한 관계망 안에서 보도록 가르치는 데 목적이 있다.

우리는 각자 어느 정도 성공적으로 이 교훈을 배워 왔지만, 그것을 완전히 이해하는 경우는 드물다. 삶의 마지막 날까지도 우리 안에는 이러한 유아적 동일시의 흔적이 남아 있다. 때로는 흔적을 훨씬 넘어, 성인이면서도 유치원 시절을 연상시키는 방식으로 괴로워하고, 분개하고, 토라지고, 불평한다.

개인의 성공 가운데 타인과의 관계를 전혀 수반하지 않는 경우는 없다. 자기 만족만을 위해 일하는 예술가는 상상 속의 동물만큼이나 현실과 거리가 먼 존재다. 그러므로 우리는 언젠가 반드시 스스로에게 이렇게 말해야 하는 자리에 놓인다. "여기 내가 있고, 여기 내가 하는 일이 있으며, 여기 이 일을 통해 돕고 싶고 기쁘게 하고 싶은 사람들이 있다."

상상력은 우리가 한 걸음 물러서서 이 관계 전체를 바라보도록 도와준다. 자신과 자신의 일, 그리고 그 일이 닿게 될 타인을 동시에 보게 하고, 각각의 요소가 어디까지 미치는지를 가늠하게 한다. 다시 말해 **상상력은 자신을 세계 속에 배치하는 도구**다.

유아적인 성인은 결코 자신을 한 발짝 떨어진 자리에서 보지 못한다. 더 나아가, 자신이 만든 결과물을 과도한 자부심이나 과도한 두려움 없이 있는 그대로 바라보지 못한다. 그 결과 그는 자신의 기여가 세계의 질서 속에서 어디쯤에 놓이는지 알지 못하고, 친구나 타인의 평가에 쉽게 흔들린다. 말이 아무리 분명하고 평가가 아무리 공정하더라도, 그는 감정 없는 주의를 유지하지 못하기 때문에 그것을 정확히 듣지 못한다. 자신의 희망과 욕망에 대한 과잉 동일시가 그를 판단의 도구로서 무력하게 만드는 것이다.

반대로 상상 속에서 먼저 자신을 보고, 다음으로 자신이 하려는 일을 보고, 이어서 그 일이 닿게 될 청중을 본 다음, 이 모든 요소를 하나의 관계망 속에 놓아볼 수 있다면 상황은 달라진다. 그는 용기가 약화되는 것을 막을 수 있고, 상충하는 조언들로 인해 정신이 흐트러지는 것을 피할 수 있으며, 자신의 성과에 대한 평가를 비교적 공정하게 유지할 수 있다.

이 지점에서 분명히 말해두어야 할 것이 있다. 자신과 자신의 일을 지나치게 오래 동일시하는 것은 해롭다. 그로 인해 상처받고 발이 묶이는 것은 하나의 잘못이다. 지난 몇 년 동안 우리는 부모가 자녀와 자신을 과도하게 동일시할 때 어떤 일이 벌어지는지를 충분히 보아왔다. 그 결과 아이는 독립적인 삶을 살아갈 수 없게 된다. 이미 성인이 되었거나 적어도 사춘기에 접어든 자녀에게 매달려 함께 고통받고, 그의 결정을 대신 내리며, 그의 일로 모욕을 감내하고, 자신들이 바라는 삶을 자녀가 살지 않으면 자신의 삶 또한 성립하지 않는다고 느끼는 부모는 더 이상 지혜로움의 전형으로 받아들여지지 않는다.

우리는 항상 그만큼 현명하게 실천하지는 못하더라도, 오늘날 완전한 자기 동일시를 바람직한 상태로 여기는 사람은 거의 없다. 부모로서 우리의 일은 아이가 행복하고 건강한 성인의 삶을 살 수 있도록 준비시키는 것이며, 그의 독립적인 활동 앞에 불필요한 장벽을 세우지 않고 가능한 한 빨리 자기 판단을 형성할 자유를 남겨두는 것임을 우리는 알고 있다. 더 나아가, 부모든 자녀든 모든 성인은 각자의 관심사를 가져야 하며, 바로 그러한 관심사를 가질 때에만 타인의 삶에 대한 병적인 간섭이 생기지 않는다는 사실도 알고 있다. 이러한 인식이 깊은 애정을 약화시킨다고 믿는 사람은 없다.

완성된 하나의 작업을 아이에 비유하는 것은 매우 정확하다. 둘 다 초기 단계에서는 자기 자신의 일부처럼 품고, 아끼고, 돌보고,

키워야 한다. 그러나 충분히 성장하면, 각자는 독립적인 정체성을 가져야 할 시점이 온다. 우리가 삶에서 가능한 한 많은 것을 얻고자 한다면, 언제 한 과제를 마치고 다음 과제로 나아가야 하는지를 배워야 한다.

성공적으로 살아가는 사람들은 대체로 앞으로 나아간다. 그들은 하나의 성취에 머무르지 않고, 다음 단계로 이동하는 법을 알고 있다. 다재다능함이나 풍부한 산출은 흔히 오해되듯 특별한 재능의 결과가 아니다. 그것은 자신을 과거의 성취에 묶어두지 않는 태도의 결과이며, 자기 일과 일정한 거리를 유지할 줄 아는 습관의 산물이다. 이 점은 어떤 분야에서든 반복해서 관찰된다.

우리는 일을 하나 끝내고 나서 그것을 바라보며 멈춰 서는 데 너무 익숙해져 있어서, 그렇게 하지 않는 사람들을 보면 늘 놀란다. 심지어 그들이 그런 성취를 이루기 위해 자신을 무자비하게 몰아붙였을 것이라고 추측하기도 한다. 그러나 실제로는 그 반대인 경우가 많다. **덜 성숙한 타인의 승인과 평가를 기다리고, 더 잘할 수 있었을지를 곱씹는 데 쓰였을 시간과 에너지, 주의력이, 이들에게서는 자연스럽게 다음 일을 향해 쓰일 뿐이다.**

건강한 사람들은 자만하거나 정당한 비판에 둔감해서 그렇게 행동하는 것이 아니다. 그들은 정말로 중요한 말이라면 반드시 자신에게 도달한다는 사실을 경험을 통해 알고 있다. 다시 말해, 그들이 배운 것은 비판을 무시하는 법이 아니라, 불필요한 논평을 기다리지 않는 법이다. 그래서 그들의 삶은, 사고와 노동의 결과물—곧 자신이 만들어낸 성과들—을 언제까지나 붙들고 놓아주지 못하는 이들의 삶보다 훨씬 더 충만하고 유연하다.

상상력은 이러한 사람들의 움직임을 이해하도록 우리를 이끌고, 그 방식을 우리 자신의 삶 속에서 모방할 수 있는 길을 제안해준다.

규범과 기준을
다시 쓰기

그러나 만약 다음 단계로 나아가기 전에, 당신의 작업 한 국면에 대해 승인이나 동의가 반드시 필요하다면 어떨까? 만약 당신의 일이 집단에서 이루어진 노력의 일부라면? 물론 이 경우 상황은 더 복잡해진다. 그러나 이때에도 상상력은 여전히 당신을 도울 수 있다.

상상력은 특정한 결과를 낳는 인과의 사슬 속에서 당신이 어디에 서 있는지를 보여주며, 그로써 당신의 작업이 검토되는 동안 인내하는 법, 판정이 내려질 때까지 균형 잡힌 상태를 유지하는 법을 가르쳐준다. 만약 그 판정이 불리하게 나온다면—그리고 때로는 그것이 불가피한 경우도 있다—당신에게는 두 가지 선택이 있다. 하나는 같은 문제를 다른 각도에서 다시 다루어, 이번에는 동료들과 건설적인 작업의 토대를 마련해보는 것이다. 다른 하나는 당신의 원래 아이디어가 왜 타당한지를 제시하되, 그것이 단지 소유권이 침해되었다는 감정에서 비롯된 방어가 아님을 분명히 하는 방식으로 제시하는 것이다.

이를 성공적으로 해내는 거의 유일한 방법은, 당신이 수행하는 각 종류의 작업에 대해 미리 숙고된 기준을 마련해두는 것이다. 어느 한 결과물이 완성된 뒤에야 기준을 세우려 하면, 우리는 사후적으로 논리를 꾸미며 이미 이루어진 사실을 방어하게 되고, 그 과정에서 실제적인 결함을 스스로 보지 못하게 될 위험에 빠진다.

여기서 다시 상상력이 호출된다. 만약 당신이 이제 막 착수하려는 작업의 최선의 사례를 마음속에 그려본다면, 그것은 어떤 모습일까? 가능한 한 가장 뛰어난 유사 작업의 사례를 찾아보라. 그것은 어떤 요건들을 갖추고 있는가? 그중 어떤 요소들이 필수적인가? 어떤 것들은 그 사례의 창안자가 선택적으로 덧붙인 부가적 요소인가?

이제 이 분석을 바탕으로, 당신 자신을 위한 기준 목록을 작성하라.

첫째, 이것 없이는 성공할 수 없는 요소들.
둘째, 가능하다면 포함시키는 것이 바람직한 요소들.
셋째, 당신만의 고유한 요소들.

이제 작업에 들어가기 전에, 잠시 당신 자신의 관점을 내려놓고, 장차 수행할 과제를 청중, 다시 말해 '최종 소비자'의 입장에서 바라보라. 이 활동으로 누가 실제로 이익을 얻는가? 당신이 창작자라면, 당신의 청중은 누구인가? 당신이 어떤 물건이나 서비스를 제공한다면, 그 고객은 누구인가? 만약 당신이 그의 입장이라면, 이 제안 속에 무엇이 포함되기를 바랄 것인가?

성공을 통해 도달하고자 하는 사람들의 마음속 상태로 상상 속에서 들어갈 수 있다면, 당신은 종종 작업을 거부할 수 없게 만드는 바로 그 요소들을 덧붙일 수 있다.

아주 소박한 예를 하나 들어보자. 주거 공간에서 흔히 마주치는 책상과 의자의 문제다. 왜 오랫동안 학교와 사무실, 독서실의 책상과 의자는 그렇게 비슷한 높이와 각도를 고집해왔을까? 왜 그 위에서 글을 쓰고, 읽고, 화면을 들여다보는 사람들은 늘 어깨를 움츠리고 허리를 굽힌 채, 몇 시간만 지나면 피로와 통증을 견뎌야 했을까? 그럴 만한 필연적 이유는 없었다. 다만 원래 그렇게 생긴 것이라는 관행이 반복되었을 뿐이다.

그러나 누군가가 처음으로, 그 책상 앞에 앉아 있는 사람의 하루를 실제로 상상했을 때—아침부터 밤까지 이어지는 학습과 노동, 집중과 이완의 리듬, 몸이 먼저 지치면 생각이 얼마나 빠르게 흐려지는지를 고려했을 때—작은 변화가 일어났다. 상판의 각도가 조정되고, 의자의 높이와 지지점이 달라졌으며, 팔과 시선이 자연스럽게 놓일 자리가 생겼다. 그 결과는 대단한 혁신이라기보다, "왜 이제야 이렇게 만들었을까"라는 반응에 가까웠다.

이처럼 개선의 가능성은 종종 바로 눈앞에 있다. 우리가 더 나은 대안을 떠올리지 못했다는 이유만으로 불만족스러운 형태를 그대로 받아들여 오던 물건에, 작지만 분명한 변화를 가함으로써 전통적인 형식에서 벗어나 새로움뿐 아니라 더 큰 편리함과 유용성을 지닌 형태로 바꿀 수 있다. 이러한 변화는 오직 자신의 작업을 분석할 수 있을 뿐 아니라, 그것을 사용할 사람의 일상 속으로 상상적으로 들어갈 수 있는 사람에 의해서만 이루어진다.

흥미롭게도, 자신의 작업 기준을 관객의 아직 완전히 형성되지 않은 욕망까지 고려해 확장하지 못하는 경우는 오히려 창작자에게서 더 자주 나타난다. 그의 의도 중 적어도 일부는 어떤 생각이나 감정, 미적 정서를 타인에게 전달하는 데 있으며, 그것이 이루어지지 않는다면 그는 실패한 것이다. 물론 늘 타인을 만족시키지 못할까 전전긍긍하는 태도는 작업에 해롭다. 오직 타인을 기쁘게 하려는 데만 매달린 결과가 대개 무가치하다는 점도 사실이다.

그러나 당신의 성공 개념 속에 '인정'이 포함되어 있다면, 상상력을 통해 관객을 더 깊이 이해할수록 유리하다. 그들의 취향을 알고, 동시에 그들이 비전문가로서는 미처 상상하지 못할 만큼 더 나은 것을 제공할 수 있다면, 성공은 거의 확실해진다.

이 모든 점을 고려하여 자신의 작업이 지향해야 할 이상을 가능한 한 분명하게 정식화했다면, 그것을 세상에 내놓기 전에 잘 정의된 기준에서 논리적으로 도출되는 질문들로 점검해야 한다. 활동의 영역마다 질문의 구성은 달라질 것이고, 개인 작업자마다 강조점이나 순서도 다를 것이다. 그러나 대체로 완성된 작업은 다음과 같은 방식으로 평가될 수 있다.

내가 한 일은 그 분야에서 최고 수준의 작업들에 견주어 부족하지 않은가?

일상적인 목적을 위해 필요한 요소들은 모두 갖추었는가?

독창적인 기여라는 형태로 분명한 가치를 더했는가?

그 논리적 사용자인 사람들—관객이든, 고객이든—을 위해 충분히 매력적이고 편리하게 구성되었는가?

다른 집단에게도 호소력을 가질 가능성을 검토했는가?

이 작업을 나로부터 떼어내어 스스로 길을 가게 하기 전에, 내가 더 할 수 있는 일은 무엇인가?

이 질문들을 두 가지 방식으로 읽어보라. 하나는 상업적 결과물에 적용되는 질문으로, 다른 하나는 일상의 과업을 대하는 태도로서 읽는 것이다. 예술가는 필연적으로 위의 질문들과 닮았지만, 조금 다른 질문들의 묶음을 갖게 된다.

예컨대 오늘날 성숙한 시인은 스스로에게 이렇게 묻는다.

내가 생각한 바를 전달했는가?
내가 느낀 바를 전달했는가?
내가 할 수 있는 한 가장 아름답게 말했는가?
그 소재가 허락하는 한, 충분히 고유한가?

다시 말해, 당신이 어떤 작업 집단의 일원이라면 상상력은 또 다른 방식으로 도움을 줄 수 있다. 그것은 당신이 주변 사람들과의 관계 속에서 어디에 서 있는지를 보여주는 일이다. 이 위치를 한 번 명확히 파악하고 나면, 일상적인 작업에서 반복적으로 생겨나는 짜증과 불만에 대해 스스로 적용할 수 있는 규칙을 세울 수 있다.

높은 곳에 올라 익숙한 장소를 내려다보았을 때, 혹은 서로 다른 각도를 이룬 거울 속에서 잠시 자신을 방 안의 다른 사람처럼 보게 되었을 때, 우습기도 하고 동시에 어떤 깨달음이 찾아온 적이 있는가. 여기서 말하는 상상력의 사용이란, 바로 그런 효과를 마음속에서 만들어내는 일이다. 자신과 동료들을 체스판 위의 말들처럼 비개인적으로 바라볼 수 있다면, 자신이 하지 않고 있는 일이나 불완전하게 수행하고 있는 일이 무엇인지가 드러나고, 오래된 잘못된 관행을 바로잡을 수 있는 경우가 많다.

스스로를 남들보다 더 열심히 일하고 있다고 믿는 사람들 가운데 상당수는, 실제로는 기대되는 만큼의 일조차 하지 못하고 있는 경우가 적지 않다. 이들은 불안 대신 상상력을 사용한다면 훨씬 수월하게 해낼 수 있는 일들까지도, 필요 이상으로 버겁게 끌어안는다. 흔히 말하는 '초과 노동'의 상당 부분은, 거의 직권남용에 가까울 정도로 스스로 떠맡은 사소한 일들이다. 그 동기는 대개 진짜 의무감과 책임감에서 비롯된다. 어느 조직에서나 하나쯤은 이런 전형을 볼 수 있다. 이른바 '공황 상태로 일을 움켜쥐는 사람'이다. 기대만큼 일하지 않는 사람으로 보일까 두렵거나, 조직에서 불필요한 존재로 여겨질까 걱정한 나머지, 그는 수많은 자잘한 일들을 자신의 손에 쥔다.

　그 결과 그는 과로하게 되고, 성과는 완벽하지 않으며, 시간은 낭비된다. 반면 충분히 일을 맡을 수 있었던 다른 사람들은 한가해지고, 점점 흥미를 잃는다. 이런 작업자가 자신이 전체 속에서 어떤 위치에 있는지를 볼 수 있다면, 본래 맡겨진 일을 더 잘, 더 많이, 그리고 훨씬 덜 긴장되고 덜 피로한 상태로 수행할 수 있을 것이다.

　끊임없이 자신의 한계를 넘어 일을 떠맡는 경영자나 관리자의 경우도 마찬가지다. 이들은 종종 자기 중요감이나 허영심을 충족시키고 있는 경우가 많다. 물론 대개는 그런 지적을 분노로 부정하겠지만, 실제로는 자신의 삶 속에서 '실패하려는 의지'를 작동시키고 있는 셈이다. 정상적인 활동량을 한계까지 확장하는 일은 바람직하다. 그리고 그 한계는 우리가 흔히 생각하는 것보다 훨씬 크다. 그러나 그 이후에 떠맡는 과업들은 실패로 향하는 첫걸음이 된다. 그것은 근대 이후 반복되어 온 신경성 소진의 문제로 이어지는 길이기도 하다.

　자신의 기능이 무엇인지 발견했다면, **그것을 충분히 수행하되 비상 상황이 아닌 한 그 범위를 넘어서지 말라.** 대부분의 대규모 조직이나 공동 작업에는—혹은 있어야만 하는데—최종 결정을 내리는 한 사람이 있다. 때로는 각 참여자가 작업의 특정 측면에 대해 결정권이나 거부권을 갖기도 한다. 이러한 결정은 대개 모든 의견과 제안을 수렴한 뒤 내려진다.

　바로 이 지점에서 자기 규칙이 필요해진다. 결정이 당신이나 당신의 제안에 불리하게 내려졌다면, 자신의 생각을 내려놓고 그 결정에 전적으로 협력하라. 만약 정말로 중대한 오류가 발생하고 있다고 느낀다면, 몇 시간을 들여 상황을 차분히 정리해보라. 어떤 변화가 초래되는지, 왜 그것이 문제라고 생각하는지, 혹은 왜 다른 대안이 더 타당한지를 공정하게 적어보라.

우리는 종종 어떤 대안이 중요하다고 느끼는데, 그 이유가 단지 그것이 '내 생각'이기 때문인 경우가 많다. 여기에는 저자적 자존심이 개입한다. 자신의 아이디어가 채택되지 않았다고 느끼는 사람들 가운데 상당수는, 무의식적으로 작업을 방해하거나 반대하며 진행을 지연시킨다. 문제는 이런 방해가 대부분 자각 없이 이루어진다는 데 있다.

이 위험에서 벗어나는 길은 단순하다. 그런 가능성을 인식하고, 자신의 태도를 세심하게 점검하는 것이다. 불필요한 장애물을 만들고 있지는 않은지, 새로운 계획에서 자신의 몫을 일부러 느리거나 성의 없이 수행하고 있지는 않은지, 자신의 안이 수정되거나 거부되었다는 이유로 실패를 초래하려 하고 있지는 않은지를 스스로에게 물어야 한다.

한편 당신이 결정을 내려야 하는 위치에 있다면, 초기 단계에서 약간의 주의만 기울여도 이후의 많은 문제를 예방할 수 있다. 작업 초반에 누군가의 감정이 상해 무의식적인 방해나 사보타주가 시작되고 있지는 않은지 살피는 것이다. 감정이 상한 참여자에게 즉각적이고 짧으며 분명한 문제 제기를 하는 것만으로도, 그렇지 않았다면 실패로 기울었을 프로그램 전체가 다시 제자리를 찾는 경우가 있다. 이러한 초기의 관찰을 통해 각자가 맡은 일을 제대로 수행하고 있는지도 함께 점검할 수 있다. 어떤 활동이든 시작 단계에서 인력과 역할 배치를 상상적으로 조망하는 관리가 조금만 이루어져도, 오래 지속되어 온 혼란이 말끔히 정리되는 경우는 적지 않다.

그러나 애초에 자리가 잘못 배치된 경우일 수도 있다. 예컨대 실행 단계보다는 기획 단계에서 더 큰 역량을 발휘하는 사람인데, 집행의 위치에 놓여 있는 경우다. 이때의 과제는 불필요한 소란이나 과시 없이 자신의 재능을 상급자에게 인식시키는 것이다. 명확하고 짧으며 단정한 메모를 쓰는 법을 익혀, 직접 상사에게 꾸준히 제출하라. 그리고 그 메모에 따라 상사가 전혀 행동하지 않는다는 확신이 들기 전까지는, 상사를 건너뛰어 윗선으로 가는 일은 정당화될 수 없다.

또한 자신의 아이디어나 작업이 즉각적으로 자신의 공로로 인정되지 않더라도 이를 받아들일 준비를 하라. 대규모 조직에서는 이런 일이 흔하며, 매번 권리를 주장하며 토라지거나 버티는 태도는 당신이 이룰 수 있었던 진전을 스스로 무효로 만든다. 당신의 아이디어가 일회성 반짝임이 아니라 반복적으로 나타나는 것이라면, 결국 역량은 드러나게 마련이다. 반대로 그렇지 않다면, 그 조직은 당신에게 맞지 않는 곳이므로 가능한 한 빨리 더 나은 자리를 찾는 편이 낫다.

관계와 관련해서 비교적 일반적으로 적용할 수 있는 원칙이 하나 있다. 분명한 증거가 없는 한, 상대의 역할을 대신 맡으려 하지 말라는 것이다. 당신이 대신하지 않으면 중대한 균형이 무너질 것이라는 확신이 들 때에만 그렇게 하라. 많은 경우, 자신의 몫을 충실하고 정확하게 해내는 것만으로도 상대의 보완적 활동은 자연스럽게 촉발된다.

어떤 파트너십에서든, 자신이 자기 몫을 다하고 있다는 확신이 선 뒤에도 분명한 약점이 남아 있다면, 대개 그것은 대화를 통해 이유를 찾고 조정할 수 있다. 물론 드물게는 이것이 불가능한 경우도 있다. 상대의 과민함이나 맹목성 때문에 어떤 문제도 논의할 수 없다는 사실은, 그 관계 안에 있는 사람만이 안다. 그런 경우에는 자신이 감당할 수 있는 범위까지만 책임을 떠맡고, 그 이상은 하지 말라. 뒤늦은 깨달음이나 성장이 일어날 가능성은 언제나 있으며, 당신이 필요 이상으로 짊어질수록 그 가능성은 오히려 줄어든다.

다만 여기서 중요한 점은, 남의 몫을 맡아야 할 때 그것을 의식적으로 선택하여 맡으라는 것이다. 떠밀려 떠안은 책임은 훗날 순교자적 태도나 음울한 원망의 씨앗이 되기 쉽다. 반대로 스스로 선택한 일은, 나중에 자신을 피해자처럼 느끼게 만들 가능성이 훨씬 적다.

이처럼 상상력을 통해 자신이 개인으로서, 그리고 집단·사회·파트너십의 구성원으로서 어디까지가 자신의 범위인지를 보게 되었다면, 이제 당신은 자신을 훈련하고 규율하며 단련해, 최대의 효율성 상태로 나아갈 준비가 된 것이다.

실전.
살아 있는 삶을 훈련하기

열두 가지 훈련

우리의 정신을 더 예리하게, 더 유연하게 만들 수 있는 작은
방법들은 수십 가지가 있다. **예리함과 유연함은 성공적으로 살고자
하는 사람들에게 특히 필수적이다.** 우리는 하루의 일을 최소한의
노력만으로 처리할 수 있는 루틴을 찾으려는 유혹에 너무 쉽게
굴복한다. 그 루틴 덕분에 절약된 시간을 의미 있게 사용한다면
문제가 되지 않을지도 모른다. 그러나 냉정한 진실은, 우리가 대체로
그렇게 하지 않는다는 데 있다. 우리는 이 루틴 준수의 성향을
삶 전체에 적용해버리고, 그 결과 습관의 경직성에 기대어 사는
나날 속에서 정신적으로, 그리고 영적으로 점점 더 무기력해지고,
소심해지며, 덜 실험적인 존재가 되어간다.

　습관은 우리의 일상적 활동 대부분을 대신 처리해준다. 우리는
대개 특정한 업무 문제를 다루도록 훈련된 지적 능력의 일부만을
사용해 일을 해치운다. 그 훈련은 종종 고통스럽고 마지못해
이루어진 것이기도 하다. 새로운 생각이나 상황을 만나면, 우리는
비유에 의존하고, 그 비유가 불러일으키는 편견이나 감정에 따라
행동한다. 자기계발 프로그램을 비교적 진지하게 수행한다고
여기는 사람들조차도, 대개 하나의 정신 근육 세트만을 사용한다.
이 주제 저 주제의 사실들을 모으고 무엇인가를 알게 되면 스스로를
'향상되었다'고 느낀다.

　이것이 반드시 문제인 것은 아니다. 사실 수집은 지성의 한
활동이며, 그 이전이나 과정 속에 독립적인 판단 훈련이 동반되어
사실들로부터 스스로 타당한 결론을 도출할 수 있다면 충분히 가치
있다. 그러나 그런 프로그램만으로는 정신을 최대치까지 단련할
수 없으며, 필요할 때 즉각적으로 유용한 도구로 만들 수도 없고,
의지에 따라 모든 자원을 동원하는 능력을 길러주지도 못한다.

　스스로를 매우 성실한 노동자라고 여기는 사람들조차도, 대개
삶에서 최대한의 것을 끌어낼 수 있을 만큼의 정신적 훈련 상태에

있지는 않다. 그 중요한 이유 가운데 하나는 의학 연구자 알렉시스 카렐이 『인간, 그 알려지지 않은 존재』에서 반복해 지적한 바와 같다. 문명의 혜택은 순수한 축복만은 아니라는 점이다. 우리는 더 이상 극심한 더위와 추위를 견딜 필요도 없고, 풍요와 결핍이 번갈아 오는 시기를 통과할 필요도 없다. 보편적인 조명은 밤을 낮으로 만들고, 방송은 우리를 끊임없이 즐겁게 해주어, 스스로의 자원에 기대는 일은 거의 사라졌다. 건강한 인간은 적응 능력이 매우 크며, 카렐의 말에 따르면 "적응 기능의 훈련은 인간의 최적 발달에 필수적이다." 우리는 스스로를 나약하게 만들고, 기지를 포기하며, 가능한 한 책임을 회피해왔고, 그 결과 '규율'이라는 단어 자체를 두려워하고 혐오하게 되었다.

그러나 규율이란 충만한 삶에 필요한 자질을 기르기 위해 스스로에게 제약을 가하는 일이다. 정신적 규율은 운동선수가 신체를 완성하기 위해 감내하는 훈련에 상응하는, 정신 영역의 실천을 의미해야 한다. 우리는 먼저 자신의 정신 상태를 점검하고, 그다음 이를 단련하기 시작해야 한다. 어떤 부분은 강화하고, 어떤 부분은 더 유연하게 만들며, 어떤 능력은 늘리고, 또 어떤 감각은 더 정확해지도록 가르치는 것이다. 요컨대, 정신을 훈련 코스에 올려 최대한의 효용과 이익을 끌어내야 한다.

이를 위해 우리는 스스로에게 다소 전제적인 태도를 취하는 법을 배워야 한다. 이는 결코 쉬운 일이 아니다. 물질적 편의에 의해 나약해진 데다, 하루 종일 자기 자신을 '심리화'하도록 허용받아온 세대에게는 특히 그렇다. 어떤 이들은 그것이 타당한 목적을 위한 자기 규율이라 하더라도, 제약 자체를 극도로 싫어하고 두려워하여, 습관과 충동 사이를 오가며 사는 것만이 온전한 자유라고 착각한다. 그러나 아리스토텔레스는 "자유란 스스로 세운 규칙에 복종하는 것이다"라고 말했다. 이 정의는 2천 년이 지난 지금도 여전히 유효하다.

우리는 삶에 다시금 탄력과 근육을 되찾아야 한다. 그러면 한 활동을 멈추고 다른 활동으로 전환할 때, 접근 방식이나 리듬, 힘의 강도를 상황에 맞게 조절할 수 있게 된다. 이는 훌륭한 상대의

변화무쌍한 플레이에 대응하는 숙련된 스포츠 선수의 민첩함과도
같다. 만약 우리가 매일 마주할 필요를 미리 알 수 있다면,
유연함이나 기지는 굳이 요구되지 않을 것이다. 그러나 현실은
그렇지 않다. 따라서 우리는 무한히 다양한 요구에 대응할 수 있도록
스스로를 훈련해야 한다. 본래 취향에 맞는 한두 가지 일만 수월하게
처리하고, 나머지는 어색하고 무감각하게 넘기는 현재의 방식에서
벗어나야 한다.

여기서 제안되는 규율들은 전 세계 여러 전통에서 가져온 것이다.
철학과 종교의 독자라면, 여러 나라의 현자들이 권해온 익숙한
실천들을 발견하게 될 것이다. 인도와 스페인, 그리스와 중국에서
비롯된 규율도 있고, 심지어는 어떤 사교학교에서나 볼 법한 것들도
있다. 일정한 침묵의 시간을 갖는 훈련처럼, 거의 모든 문화권의
정신적·영적 수련에 공통으로 등장하는 것들도 있다. 이들 가운데
어느 것도 '무의미한' 의미에서 자의적인 것은 아니다. 각각은 목적
있는 삶과 자기 통제를 위해 반드시 건강하게 유지되어야 할 정신의
한 능력을 강화하거나 계발한다.

　물론 모든 규율이 모든 사람에게 동일하게 유용한 것은 아니다.
그러나 어떤 규율을 거부하기 전에, 그것이 단지 즐겁지 않을 정도의
제약을 요구한다는 이유로 배제되고 있는 것은 아닌지 스스로
점검해볼 필요가 있다. 대부분의 규율은 어느 단계에서는 어려움을
동반하며, 새로운 근육을 쓰고 난 뒤의 뻣뻣함과 통증에 비견할
만한 정신적 불편함을 수반한다. 근육은 저항을 통해서만 단련되며,
훈련이 제대로 작동하고 있다는 확신을 얻기 위해서는 최소한의
불편함이 필요하다. 마찬가지로 정신적 훈련에서도, 각 규율을
충실히 따르는데 아무런 불편도 없고, 습관이 방해받는 느낌이나
새로운 행동 방식에 대한 저항이 전혀 느껴지지 않는다면, 그 규율은
당신에게 진정으로 필요한 것이 아닐 수도 있다. 그런 경우에는 더
많은 인내와 노력을 요구하는 다른 규율로 옮겨가라.

첫 번째 훈련.

첫 번째 훈련은 매일 한 시간 동안, 직접적인 질문에 대한 대답을
제외하고는 아무 말도 하지 않고 지내는 것이다. 이 훈련은 혼자
있을 때가 아니라, 평소처럼 사람들과 함께 있는 자리에서 행해야
한다. 토라졌거나 몸이 아픈 것처럼 보이지 않도록 주의하라. 태도는
평소와 같게 유지하되, 단지 말을 하지 않을 뿐이다. 질문을 받으면
필요한 만큼만 답하고, 설명을 덧붙이거나 이야기를 이어가지
않는다. 대화가 이어지도록 일부러 말을 보태거나, 상대에게 추가
질문을 유도하지도 말아야 한다.

이 훈련은 평소 말수가 적은 사람에게도 쉽지 않다. 우리는
상대에게 친근함과 무례하지 않음을 보여주기 위해 거의
반사적으로 말을 꺼내는 데 익숙하기 때문이다. 이 규율은 오래된
종교적·수행적 전통을 지닌 문화권들에서 반복해서 발견되며,
사람마다 전혀 다른 반응을 낳는다.

많은 이들이 가장 먼저 깨닫는 점은, 우리가 처음부터 정확히
말하는 경우가 거의 없다는 사실이다. 우리는 급하게 말하고,
상대의 반응을 보고 다시 고치고, 또 설명한다. 그 과정에서 앞선
말들이 이미 상대의 머릿속에 남아 오히려 의미를 흐린다. 침묵은 이
불필요한 반복을 차단한다.

한 사람은 이 훈련을 하며 처음에는 자신이 투명해진 것처럼
느꼈다고 했다. 그러나 곧, 침묵한 채로 오히려 공간 전체를
바라보고 있다는 감각이 생겼다. 말을 할 때는 자신이 장면의
중심에 있었지만, 침묵 속에서는 집단 전체의 흐름과 위치 관계가
또렷이 보였다는 것이다. 한 시간이 끝났을 때 그는, 자신이 상황의
중심과 가장자리, 때로는 관심 밖에 놓이는 순간들을 모두 인식하게
되었다고 기록했다.

또 다른 사람은, 자신의 침묵이 주변 사람들에게 불편함을
일으키는 과정을 관찰했다. 이유를 정확히 알지 못한 채, 한 사람은
지나치게 맞장구를 치려 했고, 다른 한 사람은 점점 공격적으로
변하며 침묵을 '잘난 척'으로 받아들였다. 흥미롭게도 침묵이

끝나자 그 반응들도 사라졌다.

한 참여자는 모임에서 미소를 지은 채 침묵을 지킨 그 한 시간이, 개인적으로 가장 만족스러운 경험이었다고 말했다. 평소의 쾌활한 말보다, 침묵이 오히려 사람들을 끌어당기고 긴장을 만들어냈다는 것이다. 또, 모든 참여자들이 공통적으로 말한 점이 있다. 침묵을 유지하는 동안, 스스로 주도권을 쥐고 있다는 감각이 분명해졌다는 사실이다. 다시 말을 시작했을 때, 그들은 말을 더 정확하고 목적 있게 사용하고 있다는 느낌을 받았고, 언제든 침묵으로 돌아갈 수 있다는 안정감도 함께 얻었다.

한 사람은 이 훈련을 이렇게 정리했다.

"사람들이 진짜 두려워하는 것은 분노가 아니라 침묵이다. 침묵은 가장 강력한 응답이다."

두번째 훈련.

두 번째 훈련은 매일 반 시간 동안, 오직 하나의 주제에 대해서만
생각하는 것이다. 말로 들으면 간단해 보이지만, 실제로 해보면
처음에는 우스울 만큼 어렵다. 초보자라면 하루 5분부터 시작해,
매일 조금씩 시간을 늘려 반 시간에 이르는 편이 좋다.

처음에는 반드시 구체적인 대상 하나를 고른다. 꽃, 유리병,
스웨터 같은 물건이면 충분하다. 그것을 실제로 바라보지 말고,
마음속에서 떠올려라. 꽃이라면 색과 형태, 질감과 향기를 상상하고,
그것이 어디에서 자라며 어떤 계절에 피는지, 사람들에게 어떤
의미로 받아들여지는지를 차례로 생각해본다. 이렇게 단순한
대상에서 출발해 점차 하나의 문제로, 마지막에는 추상적인
개념으로 옮겨간다.

처음에는 흥미가 분명한 주제를 택하되, 마음이 한동안
흔들리지 않게 되면 난이도를 높여도 좋다. 책의 한 페이지를
무작위로 짚고, 거기서 떠오른 첫 생각을 주제로 삼아 사유하는
방식이다.

연필과 메모지를 곁에 두고 훈련하면 효과가 분명해진다.
주의가 흐트러졌다고 느끼는 순간마다 종이에 작은 표시를 남겨라.
처음 며칠 동안은 표시가 빽빽할 것이다. 그러나 놀랍게도 이
훈련에서는 비교적 빠른 진전이 나타난다. 빠르면 일주일, 늦어도
한 달쯤 지나면 반 시간이 끝났을 때 종이가 거의 비어 있음을 보게
된다.

이 훈련의 가치는 새로운 작업을 하거나, 익숙하지 않은 절차를
다루는 사람이라면 곧바로 체감할 수 있다. 처음에는 혼자 있을
때 연습하는 것이 좋지만, 결국에는 출퇴근길처럼 방해가 많은
환경에서도 수행할 수 있어야 한다.

여기서 말하는 것은 마음을 한 점에 고정시키는 수행이 아니다.
단지 하나의 주제에 대해서만 생각하라는 것이다. 다른 주제로 새어
나가지 않는 것, 그 이상도 이하도 아니다. 이를 넘어서면 오히려
최면에 가까운 상태가 되어, 이 훈련의 목적과 어긋난다.

이 훈련은 사실 우리가 학교에서 수도 없이 들었던 '집중'과 '적용'에 다름 아니다. 다만 그 말을 얼마나 형식적으로 배워왔는지를 깨닫게 해줄 뿐이다. 이 능력이 몸에 배면, 효과는 즉각적이다. 예컨대 이 훈련이 가능한 사람이라면 외국어를 매우 빠르게 익힐 수 있다. 발음이 완벽하지는 않더라도, 책이나 신문을 읽고, 낯선 나라에서 생활하는 데 필요한 언어 감각은 한 달 안에 갖출 수 있다.

경쟁적인 상황에서도 마찬가지다. 산만함 없이 사고를 이어갈 수 있는 사람은 언제나 가장 먼저 결론에 도달한다. 이 점의 이점은 더 말할 필요도 없다.

세번째 훈련.

메일을 보내거나 글을 하나 쓰되, '나', '내가', '내', '나의', '나를', '나에게' 같은 자기 지시 표현을 단 한 번도 사용하지 말라. 문장은 자연스럽고 매끄러워야 하며, 읽는 사람의 관심이 끊기지 않아야 한다. 만약 수신자나 독자가 무언가 이상하다고 느끼는 순간이 있다면, 이 연습은 실패한 것이다.

이 훈련과 그에 준하는 연습들은 스스로를 다시 일정한 거리와 관점 속에서 바라보게 만든다. 이런 글을 쓰기 위해서는 잠시 시선을 바깥으로 돌려, 자기 일에 대한 과도한 집착과 몰입을 내려놓아야 한다. 그렇게 한 뒤에야 말과 문장은 개인적 호소나 변명에서 벗어나, 상황과 맥락에 맞는 형태를 갖추게 된다.

흥미로운 점은, 이렇게 한 발 물러서서 쓴 글이 오히려 더 설득력 있고 생생하게 읽힌다는 사실이다. 개인적인 감정이나 이해관계를 직접 드러내지 않아도, 전달하려는 핵심은 더 또렷해진다. 그리고 글을 마치고 다시 일상으로 돌아올 때, 마음은 이전보다 한결 가볍고 맑아져 있음을 느끼게 된다.

네번째 훈련.

매일 15분 동안 말하되, '나', '내가', '내', '나의', '나를', '나에게'와 같은 표현을 사용하지 말고 말하라.

다섯번째 훈련.

연락의 글을 보내되, 전체 어조를 안정적이고 평온하며, 삶이 좋은 방향으로 나아가고 있다는 톤으로 유지해보라. 사실과 다른 진술은 허용되지 않는다. 성공한 척 연기해서도 안 되고, 과장이나 거짓말을 보태서도 안 된다. 다만 그러한 어조로 정직하게 보고할 수 있는 측면들, 실제로 무리 없이 진행되고 있는 활동이나 관계, 판단들을 찾아내어, 글의 내용을 그 범위 안에 한정하라. 그리고 이 글을 쓰는 동안만큼은, 어떤 형태로도 낙담하거나 주저앉아 있지 않다는 점이 문장 전체의 결에서 분명히 드러나게 하라.

이 연습에는 두 가지 목적이 있다.

첫째, 부정적이고 의기소침한 상태에서 벗어나, 보다 건강하고 전진적인 태도로 방향을 전환하는 가장 단순한 방법이기 때문이다. 처음에는 쓸 수 있는 '괜찮은 항목'을 찾는 일 자체가 막막하게 느껴질 수 있다. 그러나 곧 많은 일들이 실제로는 차분히, 그리고 무리 없이 진행되고 있었음에도 불구하고, 실망이나 좌절에만 시선을 고정한 나머지 그것들을 계속 외면해왔다는 사실을 깨닫게 된다.

둘째, 그리고 더 중요한 목적은, 이런 연락의 글을 주고받는 대부분의 사람들에게 보내는 것만으로도, 일을 성공적으로 수행하는 데 방해가 되어 왔던 하나의 큰 장애물을 제거할 수 있다는 점이다.

이런 연락의 글은 대개 자투리 시간에 이루어진다. 우리는 할 일이 없을 때, 지치거나 무기력할 때, 혹은 기분이 가라앉았을 때 우리는 습관처럼 메시지를 작성해 가까운 사람들에게 보낸다. 그 결과 기운 없고 불만이 섞인 소식이 전달되고, 이에 상응하는 반응이 돌아온다. 위로나 동정이 담긴 답장이다. 문제는 그런 답장들이 비교적 괜찮을 때, 혹은 정말로 안정된 상태일 때 도착하더라도, 자기연민에 빠질 기회를 끝까지 거부하기가 매우 어렵다는 데 있다.

이때 선택지는 늘 두 가지다. 다시금 자기연민 속으로 미끄러져 들어가거나, 아니면 스스로를 조금 우습게 바라보는 것이다. 슬픔은

후자보다 훨씬 극적인 감정이기 때문에, 대부분은 전자를 택한다. 그렇게 악순환은 반복되고, 다음 연락의 글에는 또다시 가장 최근의 나쁜 소식이 실린다.

자기연민과 우울로부터의 의식적인 휴가는, 성공적인 삶을 위해 반드시 필요하다. 이 연습은 그 휴가를 가장 간단한 방식으로 시작하게 해준다.완전한 휴가는, 성공을 위해 반드시 필요하다.

여섯번째 훈련.

이 연습은 과거 여러 사회적 교육과 예절 훈련 속에서 거의 같은
형태로 전해져 왔다. 사람들로 붐비는 공간에 들어가기 직전,
문턱에서 잠시 멈춰 서서 그 안에 있는 사람들과 자신이 어떤 관계를
맺게 될지를 미리 떠올려보라는 가르침이다. 조용하고 내성적인
많은 사람들은, 보호받는 환경에서 자라 처음에는 당황스럽고
감당하기 어려워 보였던 상황들을 점차 능숙하게 다룰 수 있게 된
데에, 바로 이 작은 준비가 큰 도움이 되었다고 말해 왔다.

한때의 사회적 교육에서는, 방에 들어가기 전 잠시 멈추어
먼저 그 자리를 마련한 사람을 떠올리고, 다음으로 그 공간에서
중심적인 역할을 하고 있는 인물을 파악하라고 가르쳤다. 만약 그런
사람이 분명하지 않다면, 자연스럽게 가장 연장자이거나 경험이
많은 이를 살펴보도록 했다. 그런 다음 방에 들어가, 자유로워지는
순간을 기다려 인사를 나누고 예를 갖추는 것이 기본이었다. 이어서
그 자리에서 의미 있는 위치에 있는 사람과 짧게나마 대화를 나눌
기회를 기다렸다. 이러한 최소한의 책임을 마친 뒤에야 비로소,
각자는 자신의 관심이나 계획을 따를 자유를 얻었다.

이 과정을 충분히 체화한 사람은 한 가지 중요한 감각을 얻게
된다. 방 안의 사람들과 상황을 한눈에 파악하되, 먼저 그것을
'관계와 책임'의 차원에서 보고, 그다음에야 '동행'이나 '개인적
관심사'의 차원에서 인식하는 법이다.

오늘날에는 이런 사전 고려를 위선적이거나 계산적인 태도로
여기는 다소 단순한 인식이 퍼져 있다. 어떤 상황이든 준비 없이
뛰어들어, 당장의 흥미만을 따르는 데 미덕이 있다는 식이다.
그러나 자리에 들어가기 전 잠시 멈추어 가능한 관계와 흐름을 미리
그려본다고 해서, 그 사람이 인위적이 되거나 진정성을 잃게 되는
것은 아니다. 그것은 단지 자신에게 맞지 않는 행동에 휩쓸리는 일을
피하고, 의미 없는 대화의 소용돌이에 빠지거나, 중요한 사람과 가치
있는 대화를 나눌 기회를 놓칠 가능성을 줄이는 일에 불과하다.

우리가 삶을 아무리 의식적으로 준비하더라도, 우연과 예기치

않은 사건의 여지는 언제나 남아 있다. 따라서 이런 준비가 자발성을 훼손할 위험은 없다. 오히려 이상적인 상태란, 삶의 가능한 많은 부분을 의식적인 선택과 유연한 통제 아래 두는 것이다. 때로는 아무리 잘 준비했더라도 원하는 방향으로 흘러가지 않을 수 있다. 그러나 미리 여러 가능성을 열어두었다면, 하나의 기대가 좌절되었을 때에도 다른 관심사로 자연스럽게 이동할 수 있고, 단 하나의 실망 때문에 모든 기회를 잃는 일은 피할 수 있다.

일곱번째 훈련.

앞선 연습들을 충분히 익혔거나, 한동안 잊고 지냈던 감각을 다시 몸에 붙였다면, 이제 오래된 조언 하나로 나아가 보자. 요지는 단순하다. 새로운 사람을 만났을 때, 그가 자기 자신에 대해 이야기하도록 자연스럽게 이끌되, 그 사실을 본인은 거의 의식하지 않게 하라는 것이다.

처음에는 보통 예의상 질문이 오간다. "어디서 오셨어요?", "요즘 뭐 하세요?" 같은 말들이다. 이때 상대가 당신에게도 질문을 던지더라도, 그 질문을 무시하거나 피하지 말고 간단하고 성실하게 답하되, 다시 부드럽게 화제를 상대에게로 돌려라. 중요한 것은 속도를 늦추는 일이다. 상대가 자신이 거절당했다고 느끼거나, 관심이 없다고 오해하지 않도록 자연스럽게 이어가는 것이다.

우리의 대화는 종종 빠르게 친밀해지거나, 반대로 지나치게 형식적으로 흘러간다. 그래서 우리는 무심코 자신의 상황을 설명하느라 말을 많이 하거나, 반대로 상대에게 부담을 줄까 봐 질문 자체를 꺼리는 경우도 많다. 그러나 이 연습은 그 중간 어딘가에 서는 법을 가르쳐준다. 상대의 말에 귀를 기울이되, 심문처럼 보이지 않게, 공감하되 과장하지 않게, 관심을 보이되 평가하지 않게 머무르는 것이다.

이렇게 몇 번의 대화가 오가다 보면, 자신 안에서 미묘한 변화가 일어나는 것을 느끼게 된다. 처음에는 예의로 시작했던 관심이 점차 실제적인 흥미로 바뀌고, 상대가 어떤 사람인지, 어떤 삶을 살아왔는지에 대한 상상이 자연스럽게 이어진다. 조금만 친절하거나 상상력이 있다면, 어느 순간 대화에 완전히 몰입해 있는 자신을 발견하게 될 것이다. 그때쯤이면 처음에 남아 있던 어색함이나 자기의식의 잔여물도 거의 사라진다.

어쩌면 상대는 끝내 당신에게 개인적인 질문을 하지 않을 수도 있다. 상대가 조심스럽거나, 이미 충분히 말하고 있다고 느끼거나, 혹은 단순히 자기 이야기에 집중하고 있을 수도 있다. 그러나 그것은 결코 실패가 아니다. 최소한 당신은, 세상이 다른 사람의 눈에는 어떻게 보이는지 조금 더 알게 되었고, 자신의 시야를 그만큼 넓힌 셈이기 때문이다.

반대로, 시간이 지나 상대가 당신에게도 묻게 된다면, 그때는 이미 많은 것이 분명해져 있다. 얼마나 말하면 좋을지, 어떤 주제가 자연스럽게 이어질지, 이 사람과의 관계가 일시적인 인연인지, 아니면 조금 더 이어가 볼 만한 우정이나 협업의 가능성이 있는지 스스로 가늠할 수 있게 된다. 말의 양과 깊이를 조절하는 기준이 이미 몸에 생긴 것이다.

여기서 꼭 짚고 넘어가야 할 점이 있다. 이렇게 의식적으로 행동한다고 해서, 사람이 차갑거나 계산적으로 변하는 것은 아니다. 행동의 고삐를 스스로 쥔다고 해서 인간적인 온기가 줄어드는 일은 없다. 오히려 그 반대다. 자기 자신에게만 몰두하느라 타인의 말과 표정을 놓치던 상태에서 벗어나, 타인을 있는 그대로 받아들일 여유가 생긴다.

이 과정에서 우리는 가장 즐거운 방식으로, 제한적인 자기중심성에서 벗어나게 된다. 타인의 기분과 관심사를 오직 '나에게 어떤 영향을 주는가'의 관점에서만 해석하던 습관이 느슨해지고, 대신 관계 그 자체를 하나의 살아 있는 장면으로 경험하게 된다.

그리고 이 실험의 상대방 역시, 냉정한 계산의 대상이 되지 않는다. 오히려 그는—아주 잠시라도—우리의 무분별한 이기심과 자기 과시에 노출되지 않고, 존중받는 대화의 주체로 머물 수 있게 된다. 그 점에서 이 연습은, 상대를 이용하는 기술이 아니라 관계를 망치지 않기 위한 최소한의 윤리이기도 하다.

여덟번째 훈련.

앞선 연습들과는 정반대에 놓인 규율이며, 의도적으로
실행하기에는 훨씬 더 어렵다. 불평하지도, 자랑하지도 말고,
가능하다면 상대를 지루하게 만들지 않으면서 오직 자기 자신과
자신의 관심사에 대해서만 이야기하라. 대화 상대에게 자신의
생각과 활동이 최대한 흥미롭게 느껴지도록 만들어보는 것이다.

이 규율은 평소 자기 이야기를 지나치게 많이 하는 사람들에게
특히 유익하다. 자신의 약점을 끝까지 밀어붙이는 이 환원법은,
그들이 무심코 타인에게 어떤 피로를 안기고 있었는지를 정면으로
드러낸다. 자기 관심사에만 집중해 말하다 보면, 상대의 무관심이나
지루함, 안절부절못함, 화제를 돌리고 싶어 하는 신호들이 놀랄
만큼 또렷하게 보인다. 이런 경험은 한두 번이면 충분하다. 대개 그
이후에는 그 습관 자체를 더 이상 붙들고 싶지 않게 된다.

그러나 여기서 얻는 교훈은 그것만이 아니다. 곧 알게 되듯,
사소하고 진부하며 반복적인 일상을 늘어놓는 대화는 듣는
사람에게 거의 예외 없이 권태를 준다. 반대로, 실제로 흥미로운
경험을 했거나, 익숙한 상황에서도 조금 더 상상력을 발휘했거나,
새로운 일을 시작하고 있다면 이야기는 자연스럽게 힘을 얻는다.
그렇다면 자신의 관심사를 넓히고, 새로운 시도를 감행하며, 일상에
변화를 주는 일이 결국 자신에게도 이롭다는 결론을 피하기 어렵다.

이 과정 속에서 우리는 성인 대화의 첫머리로 늘어놓기 쉬운
이야기들—몸 상태, 반복되는 일상, 사소한 불운—을 점차 내려놓는
법을 배운다. 만약 그런 말들이 끊임없이 이어지는 사람과 함께
있다면, 자신의 차례가 왔을 때 더 깊고 넓은 주제를 의식적으로
꺼내 보라. 그럼에도 상대가 그런 시도를 완강히 거부한다면, 이제는
판단이 필요하다.

모든 한계에도 불구하고 어떤 관계에는 포기할 수 없는 온기와
진정성이 남아 있을 수 있다. 그런 경우라면 쉽게 끊어낼 수 없을
것이다. 그러나 때로는 실망스러운 깨달음과 함께, 단지 그 사람
앞에서라면 아무 생각 없이 사소한 이야기를 늘어놓을 수 있다는

이유만으로 관계를 유지해왔음을 알게 되기도 한다. 깊은 유대가 없었음에도 말이다.

상대를 상처 입히지 않는 선에서 가능한 한 빨리 그런 관계에서 물러나고, 자신의 시간과 에너지를 낭비하지 않으며, 상대의 낭비에도 공모하지 않는 것은 분명한 책임이다. 만약 약함을 바탕으로 이어진 관계를 경험해본 적이 있다면, 가장 먼저 할 일은 그것을 서로를 자극하고 성장시키는 관계로 바꿀 수 있는지 살펴보는 것이다. 그 가능성마저 사라졌을 때에만, 비로소 놓아도 늦지 않다.

아홉번째 훈련.

"그러니까", "사실은", "어쨌든", "뭐랄까", "약간", "아니 근데" 같은 자기에게 붙어 있는 말버릇을 고치는 일은 협력이 필요하다. 자신에게 어떤 언어적 버릇이 붙어 있다는 사실을 깨달았다면, 당신이 가장 자유롭고 감정적으로 이야기하는 친구 한 사람을 떠올려라. 잘 모르는 사람 앞에서는 이런 말버릇을 비교적 쉽게 억제할 수 있지만, 대화가 열기를 띠면 문제의 표현은 두 문장에 한 번꼴로 튀어나오기 마련이다.

그 친구에게, 예컨대 당신이 "그러니까"나 "어쨌든"을 터무니없이 자주 쓰고 있다는 사실을 솔직히 말하라. 그리고 그 표현을 들을 때마다 대화를 끊지 말고, 손만 들어 신호를 보내달라고 부탁하라. 그렇게 하면 한동안 대화는 뚝뚝 끊기고, 이야기보다 웃음이 더 많아질 가능성이 크다. 그러나 곧 그 말버릇을 스스로 제어하기 시작하게 될 것이다. 두세 번만 이렇게 연습해도, 정말로 필요할 때를 제외하고는 그 표현은 거의 완전히 사라진다.

열번째 훈련.

하루 가운데 두 시간을 정해 계획을 세우고, 그 계획에 따라 실제로 살아보라. 혼자 일하는 사람이라면 어느 날이든 상관없다. 그렇지 않다면 일요일이나 휴일을 골라도 충분하다. 일정은 평소의 습관을 일부 반영하되, 일부는 의도적으로 다르게 구성한다. 예를 들면 다음과 같다.

> 7:30–8:30 아침 식사와 독서
> 8:30–8:50 연락 확인
> 8:50–9:25 집안 정리
> 9:25–9:35 전화 한 통(평일이라면 미뤄두었던 약속을 잡기 위해, 휴일이라면 짧은 산책)

이 연습에서 각 항목의 복잡함과 다양함은 거의 중요하지 않다. 핵심은 다음 활동으로 넘어갈 때, 대충이 아니라 정확히 정해진 시각에 이동하는 데 있다. 책을 몇 페이지밖에 읽지 못했다면 아쉽겠지만, 그 순간 반드시 내려놓고 연락을 확인한다. 8시 50분이 되면, 어디까지 진행되었든 멈추고 집안 정리로 전환한다. 계획된 활동 가운데 적어도 하나는 당신에게 분명한 흥미를 약속하는 것이어야 한다.

이 규율의 목적은 두 가지다. 하나는 스스로를 다시 '명령을 따르는 상태'에 놓아보는 경험을 하는 것이고, 다른 하나는 어떤 일을 끝내는 데 필요한 시간을 우리가 얼마나 크게 오판하고 있는지를 분명히 드러내는 것이다. 그런데 우리 대부분은 하루가 마치 고무로 된 시간처럼 늘어날 수 있다고 믿는다. 집에서 역까지 정확히 17분이 걸린다는 사실을 몸으로 아는 사람조차, 점심 이후 두어 시간에 반나절치 일을 밀어 넣을 수 있다고 아무렇지 않게 계획한다. 우리는 시간이 알아서 맞춰줄 것이라 기대하며, 그렇지 않다는 사실을 애써 외면한다.

그러나 하루 두 시간을 계획하는 데서 시작해, 점차 세 시간,

네 시간으로 늘려가다 보면, 마침내 적어도 여덟 시간의 효과적인 하루를 계획하고 살아낼 수 있게 된다. 하루 전체를 엄격한 시간표로 묶는 것이 언제나 가능하거나 바람직한 것은 아니다. 다만 때때로 시간표에 따라 살아보는 며칠은, 시간의 가치에 대한 감각을 새롭게 하고, 우리가 시간을 낭비하지 않을 때 스스로에게 무엇을 기대할 수 있는지를 분명히 보여준다.

이 문제에 특히 경고가 필요한 사람들을 위해 덧붙이자면, 정신과 의사인 폴 부스펠트는 치유 불가능한 자기중심주의자의 확실한 징후로, 어떤 활동이 실제로 얼마나 시간이 걸리는지를 전혀 고려하지 않는 태도를 들었다. 세계가 자신을 중심으로 돈다고 무의식적으로 확신하고, 시간조차 자기 뜻에 협조해야 한다고 믿는 그는, 시간이 말을 듣지 않을 때마다 평생 놀라며 산다. 늘 약속에 늦고, 의무를 미루며, 감당할 수 없을 만큼의 일과 초대를 계속 받아들인다. 결국 그는 자기 오류를 배우거나, 그렇지 않다면 스스로를 곤경으로 몰아넣게 된다.

열한번째 훈련.

이 규율은 모든 규율 가운데 가장 어렵다. 지나치게 임의적으로
보이기 때문에, 많은 독자들은 아예 시도조차 하지 않으려 할
것이다. 실제로 임의적이다. 그리고 바로 그 점이 이 규율의
핵심이다. 가족과 함께 살아가는 사람들보다, 혼자 살거나 대부분의
시간을 혼자 보내는 사람들에게 특히 더 필요하다. 앞서 언급한
알렉시스 카렐의 말을 다시 떠올려보라. 습관적으로 행동할 수
없는 상황, 다시 말해 적응하지 않으면 버틸 수 없는 조건 속으로
스스로를 밀어 넣어야 한다는 것이다.

엄격한 규율을 지닌 집단에 속한 사람들은 끊임없이 명령
아래에서 살아간다. 우리는 그들에게서, 자기 편의에 따라 살아가는
다수의 사람들에게는 결여되기 쉬운 탄력성을 알아본다. 이
탄력성을 개인의 삶 속으로 되돌려 놓는 일은 결코 쉽지 않다.
그러나 그것은 너무도 귀중한 자질이어서, 상실된 채로 방치할 수는
없다.

다음에 제시할 권고는 다소 과장되게, 어쩌면 우스꽝스럽게
느껴질지도 모른다. 그러나 그 결과는 이 규율의 가치를 충분히
증명해줄 것이다. 종이쪽지를 여러 장 준비하라. 처음에는 열두
장이면 충분하다. 그리고 각 쪽지에 다음과 같은 지시를 하나씩
적는다.

"대중교통을 이용해 집에서 약 10킬로미터 떨어진 곳으로
이동하라."

*(차를 몰거나 택시를 타는 식의 손쉬운 해결은 허용하지 않는다.
버스, 지하철, 기차 등을 이용하라.)*

"12시간 동안 아무것도 먹지 말라."

"가장 낯선 장소에서 식사를 하라."

"질문에 답하는 경우를 제외하고 하루 종일 말하지 말라."

"밤을 새워 일하라."

이 쪽지들을 각각 봉투에 넣어 봉인한 뒤 충분히 섞어 서랍에 넣어두라. 생각날 때마다 다시 섞어도 좋다. 격주에 한 번, 혹은 매달 정해둔 날에 봉투 하나를 뽑아 열고, 그 안의 명령을 그대로 실행하라. 비가 억수같이 쏟아지는 날에 '대중교통으로 먼 곳까지 이동하라'는 명령이 나올 수도 있다. 그럼에도 불구하고, 건강이 명백히 허락하지 않는 경우가 아니라면 반드시 수행해야 한다.

어떠한 공부나 작업에 몰두하고 있는 시기라면 이런 연습은 한 달에 한 번이면 충분하다. 그렇지 않다면, 스스로에게 임의적인 명령을 내릴 수 있는 기회가 많을수록—물론 산만하게 여기저기 뛰어다니지 않는 선에서—장기적으로는 성격에 더 큰 이익이 된다. 쪽지에 꼭 열두 가지 명령이 들어 있을 필요는 없다. 당신에게 특히 어렵고, 본성에 거슬리지만, 동시에 분명히 유익하다고 느껴지는 훈련이 있다면 그것을 추가하라. 내가 아는 한 극도로 수줍음이 많은 젊은 사람은, 매일 최소 세 명의 낯선 이에게 먼저 말을 건네라는 명령을 스스로에게 부여했다. 어떤 활동이든 좋다. 다만 그것은 교정적이어야 하고, 비일상적이어야 하며, 당신의 평소 생활 리듬을 단번에 가로질러 흔들 수 있는 것이어야 한다.

덧붙여, 일을 하는 사람에게 있어 마지막 지시(밤을 새워 일하기)는 가장 가치 있는 명령이다. 조용하고 꾸준하게 일할 계획을 세우고, 잠깐이라도 눕고 싶은 모든 유혹을 물리쳐야 한다. 다만 한 시간에 한 번 정도는 의자 등받이에 잠시 몸을 기대는 정도의 휴식은 허용된다. 나른함이 밀려오는 순간, 즉시 다시 몸을 일으켜 작업으로 돌아가야 한다. 이 일을 실제로 해본 사람만이 안다. 우리는 피로가 처음 찾아오는 순간 곧바로 굴복하거나, 외부 자극이 있을 때만 깨어 있으려는 데 지나치게 익숙해져 있다. 그 결과, 스스로 거의 들여다보지 않았던 더 깊은 집중의 층위가 존재한다는 사실을 잊고 살아간다.

열두번째 훈련.

대안적인 방법이 하나 더 있다. 때때로 하루를 정해, 그날만큼은
합리적인 요청이라면 무엇이든 "좋습니다"라고 말해보는 것이다.
여가 시간에 사회로부터 한 발 물러나 지내는 경향이 클수록, 이
연습은 더 큰 효과를 낸다. 그날 저녁 산책이나 가벼운 등산을
하자는 제안을 받을 수도 있고, 갑작스러운 모임이나 새로운
역할을 맡아보자는 이야기가 나올 수도 있다. 몸을 쓰는 약속이나
일상의 작은 초대라면ㅡ날씨가 썩 내키지 않더라도ㅡ받아들이는
편이 좋다. 반면 삶의 방향을 크게 바꾸는 제안이라면, 다행히도
검토의 대상이 될 수 있다. 여기서 반드시 수행해야 하는 것은 오직
"합리적인" 요청뿐이기 때문이다.

그날 아무 일도 일어나지 않을까 걱정하지 말라. 우리는 일상의
리듬을 흐트러뜨리고 싶지 않다는 이유만으로, 생각보다 많은
사소한 요청들을 매일같이 거절한다. 그러나 한 번 방향을 바꿔
받아들이기 시작하면, 그 결과는 예상보다 넓고 교육적이며, 때로는
매우 유리하게 돌아온다.

다만 이 하루가 여러 흥미로운 가능성을 보여주었다고 해서,
매일을 그런 방식으로 살아야 한다고 성급히 결론 내리지는
말라. 오히려 어떤 때에는 기회를 거절하는 연습이 그만큼이나
통찰을 준다. 특히 모임이나 행사로 시간을 과도하게 소모하는
사람들에게는 더욱 그렇다. 이런 경우에는 초대를 의도적으로
줄이고, 그 시간을 집중적인 자기 수양이나 정리된 작업에 쓰는 편이
낫다.

이제 내가 제안한 열두가지 실천들을 바탕으로, 자신에게 맞는 다른 규율들을 스스로 고안해보라. 규율을 만드는 방법은 두 가지다. 첫째, 자신의 약점이나 미흡한 수행을 분명히 인식한 뒤, 그것을 바로잡기 위해 정확히 반대되는 행동을 택하는 방식이다. 둘째, 자기중심적인 말버릇을 고치듯, 결함을 일부러 과장해 패러디처럼 실행해보는 방식이 오히려 더 효과적인지 실험해보는 것이다.

요령을 한 번 익히고 나면, 이런 규율들은 유익할 뿐 아니라 제법 재미있다는 사실을 알게 된다. 많은 경우, 이 연습들은 무작위적인 문제 풀이보다도 훨씬 실제적인 자극을 제공한다. **자기 자신과 지혜를 겨루는 싸움에서, 가장 교묘하고 영리한 상대는 언제나 자기 자신이다.** 그러므로 이 지적 결투에서의 승리는 각별한 성취감을 남긴다. 훈련이 충분히 쌓이면, 이렇게 단련된 정신적 자질들을 필요할 때마다 불러낼 수 있고, 그것들이 정확하고 신속하게 작동함을 확인하게 될 것이다.

다만 이 연습들을 즐기기 시작할 즈음, 반드시 스스로에게 상기해야 할 점이 하나 있다. 이것들은 수단이지 목적이 아니다. 정신을 통제하는 법을 익혔다고 해서, 곧바로 그것을 제대로 사용하고 있는 것은 아니다. 말하자면 아직 수습 기간에 머물러 있는 셈이다. 하루 섭취량과 운동량을 꼼꼼히 계산하고, 햇볕을 쬐는 시간까지 관리하면서도—정작 개인의 삶은 몹시 공허한—사람을 떠올려보라. 그는 목적 없이, 다만 관리된 상태에만 머물러 있을 뿐이다. **정신을 훈련하는 이유는, 그것을 구체적인 삶과 작업에 투입하기 위함이다.** 그러니 준비만 하느라 원래의 계획을 실행에 옮기는 일을 지나치게 미루지는 말라.

추가 훈련들.

이제 성공적인 삶을 돕는 또 하나의 보조 수단, 즉 자기 자신을
직접적으로 지지하고 뒷받침하는 방식으로 나아가 보자. 이 과정을
매끄럽게 만드는 여러 방법 가운데 가장 실용적인 하나는, 벤저민
프랭클린이 『자서전』에서 제안했듯, 특별히 마련한 작은 노트에
자신이 지향하는 덕목을 적고 매일의 진척을 점검하는 일이다.
프랭클린은 열세 가지 덕목을 목록으로 만들고, 각 덕목 아래
자신만의 의미가 담긴 문장을 적어 두었다. 예컨대 절제 아래에는
"배부를 때까지 먹지 말고, 취할 때까지 마시지 말라"를, 침묵
아래에는 "자기나 타인에게 이로움이 되지 않는 말은 하지 말라.
하찮은 대화를 피하라"를 적었다. 여기에 질서, 결단, 절약 같은
항목들이 뒤따른다. 이 목록은 지금 보아도 놀라울 만큼 균형
잡혀 있다. 다만—어쩌면 이것이 시대가 달라졌다는 신호일지도
모르지만—오늘날에는 이 가운데 여섯 가지 정도만으로도 충분한
경우가 많다.

  각자가 고쳐야 할 결함의 목록은 저마다 다를 것이다. 예컨대
더 할 수 있음에도 일을 미루는 습관, 지나친 수줍음, 결정을 내리는
데 과도하게 시간이 걸리는 태도, 말을 필요 이상으로 많이 하는
버릇(수줍음과 수다스러움은 결코 서로 배타적이지 않다), 식사
시간이 불규칙하거나 음식 선택이 부적절한 점, 잠을 지나치게
많이 자거나 반대로 충분히 자지 못하는 문제 등이 여기에 포함될
수 있다. 노트의 한 페이지는 이런 항목들을 나열하고, 하루 단위로
점검할 수 있는 형식이면 충분하다.

  그리고 어느 한 항목이든 매일 무리 없이 관리할 수 있게
되면—즉 문제를 일으키던 결함 하나를 사실상 제거했다면—그
항목은 과감히 목록에서 제외하고, 새롭게 눈에 띄기 시작한 다른
결함으로 교체하면 된다. 언젠가 이 노트 자체가 더 이상 필요 없을
만큼 성장하게 된다면, 그보다 기쁜 일은 없을 것이다. 그렇다
하더라도, 상기용으로 언제든 꺼낼 수 있는 서랍에 넣어 두는 편이
좋다.

다음은 하루를 시작하는 방식에 관한 문제다. 매일 아침 완전히 깨어난 상태로 하루를 시작하는 사람들은, 많은 이들이 얼마나 흐릿한 정신 상태로 하루를 열고 있는지 쉽게 실감하지 못한다. 만약 당신이 후자에 가깝다면 행동하는 것을 주저하지 말라. 한 교정자는 잠에서 깨어 눈을 뜨자마자, 스스로를 위해 붙여 둔 쪽지를 보았다. "지금 당장 침대에서 나와라."

더 나아가, 밤늦게는 분명 훌륭한 생각이 떠오르는데도 아침이 되면 무기력한 기분 때문에 그것을 무시해버린다는 사실을 알고 있다면, 그 생각을 반드시 메모로 남겨 두어야 한다. 표현은 다소 단호할수록 효과적이다. 예컨대 이렇게 적을 수도 있다. "이 아이디어를 그냥 넘긴다면 어리석은 짓이다. 오늘 안에 반드시 작업을 시작하라." 이런 간단한 장치만으로도, 낮 동안 메말랐던 상상력과 추진력이 다시 살아나는 경우가 적지 않다.

미국에서 잘 알려진 한 인물은 스스로에게 엽서나 짧은 쪽지를 자주 보내는 습관을 갖고 있었다. 그는 이것이 불필요한 세부 사항을 기억에서 덜어내는 가장 확실한 방법이라고 설명했다. 늘 사무실 주소가 적힌 엽서를 몇 장 가지고 다니다가, 문득 떠오른 일을 그 자리에서 적어 보내는 식이었다. 어느 날 비가 쏟아질 듯한 날씨에 식당에 앉아 있다가 창밖을 보며 엽서를 한 장 썼고, 거기에는 이렇게 적혀 있었다. "모자와 우비를 챙길 것." 그의 사무실에는 집으로 보내는 엽서들이 따로 준비되어 있었다.

성공적인 작업에 대해—결과로서의 성공뿐 아니라 그 과정 자체에 대해서도—스스로에게 보상을 주는 일은, 올바른 행동을 강화하는 데 매우 효과적이다. 노트가 만족스러운 동그라미로 가득 찬 한 주가 되었을 때에만 작은 사치를 허락한다면, 자연스럽게 결함을 피하려는 노력이 뒤따를 것이다.

결국 중요한 것은 **스스로에게 엄격하면서도 동시에 친절해지는 습관을 들이는 것**이다. 분명한 수행 기준을 요구하되, 그것을 충족했을 때는 자신을 인정하고, 필요하다면 보상하라. 우리는 너무 자주 그 반대의 방식을 택한다. 해야 할 때는 무위와 게으름을 합리화하고, 그다음에는 가혹하고도 아무 소용 없는 자기 질책에 빠진다. 이런 자기 질책이 무익한 이유는, 충분히 자신을 책망했다는 느낌만으로 실제로 실행하지 않은 잘못을 어딘가에서 보상받았다고 착각하게 만들기 때문이다. 그러나 현실은 다르다. 우리는 계획한 일을 하지 않았고, 거기에 더해 스스로를 낙담시키고 상처 입혔을 뿐이다.

지금까지의 논의를 하나로 묶으면, 성공의 첫 번째 원칙은 분명하다. **실패가 불가능한 것처럼 행동하라.** 이 원칙을 실제 삶에 적용하기 시작하면, 가장 먼저 해야 할 일은 몽상이나 시간 때우기로 흘려보내던 에너지를 회수해, 분명한 목표를 향한 행동에 투입하는 것이다. 우리는 실패의 기억이나 예감을 무시함으로써 움직이고, 일시적인 불편이나 과거의 고통에 과도한 의미를 부여하지 않음으로써 전진한다. 거절이나 비협조를 미리 불러오는 태도와 어조를 피하면서, 좌절을 앞당기지 않는 법을 배운다.

　우리는 실제 상황에서 마음을 능숙하게 쓰기 위해, 사전 연습으로 정신을 단련한다. 상상력을 통해 고통 없이 삶의 가능 영역을 탐색하고, 미래의 관심사로서의 프로젝트들을 계속 마련함으로써 다시 몽상에 빠지는 일을 막는다. 의식적으로 활력을 주는 정신적 기후를 만들고, 의심과 불안에서 비교적 자유로운 상태에서 행동한다. 다만 여기에는 한 가지 한계가 있다. 세부를 정확히 보여주기 위해 속도, 곧 템포가 느려질 수밖에 없다는 점이다.

　야구의 스윙이나 테니스의 움직임을 슬로 모션으로 보면, 정상 속도에서는 보이지 않던 균형과 회전의 비밀이 드러난다. 성공을 말할 때 놀이의 어휘가 자주 등장하는 이유도 여기에 있다. 목적 있는 행동은 더 빠르고, 더 명료하며, 더 곧고, 더 즐겁게 느껴진다. 실제로는 천천히, 신중하게 진행되고 있을지라도, 초점이 흐려지지 않고 마음이 방황하지 않는다는 사실이 활동 전체에 분명한 톤을 부여한다.

　이 톤—혹은 리듬—이 바로 과거의 성공을 떠올릴 때 다시 불러오려는 대상이다. 그것을 현재의 행동에 적용해 유사한 속도를 확인하고 나면, 복잡한 사전 상상 없이도 곧바로 올바른 리듬에 올라탈 수 있다. 때로는 사소해 보이는 사건 한가운데서도 이 리듬은 나타난다. 자리를 벗어나 일을 시작하기만 하면 '잘 풀리는 상태'에 들어설 것이라는 약속처럼 말이다.

　이 리듬은 육체적 속도를 재촉하라는 뜻이 아니다. 오히려 과도한 서두름은 종종 '실패하려는 의지'의 산물이었다. 단호한 행동의 외형만 흉내 내다 중요한 요소를 놓치는 경우가 적지 않기 때문이다. 여기서 말하는 것은 실제 속도가 아니라, 방해받지 않고 전진하는 움직임이 지닌 즐거움과 안정된 리듬이다.

이제 거의 누구나 한 번쯤 보았을 성공의 유형, 이른바 '절망의 용기'를 떠올려 보자. 모든 선택지가 지워진 듯한 상황에서 사람들은 "잃을 것이 없다"고 말하며, 평소보다 훨씬 대담하고 직선적으로 행동한다. 놀랍게도 이런 행동은 자주 큰 성공으로 이어진다. 그러나 교훈은 분명하다. 절망은 실패의 가능성을 제거하지만, 그것은 필수 조건이 아니다. 그 역할은 상상력이 훨씬 더 정교하게 수행할 수 있다. 남는 것은 올바른 방향을 향한 용기다.

이 용기야말로 성공의 필요충분조건이다. 이를 위해 우리는 유연성과 절제를 기르고, 상상력을 불안에서 떼어 유용한 통로로 전환하며, 사소한 문제들에서부터 현명하게 행동함으로써 중요한 순간을 대비한다. 몽상에 빠질 특권, 책임을 회피하는 태도, 최소 저항의 습관, 유아적인 행동을 스스로에게 허락하지 않는다.

정신적으로 온전한 성인에게 성공이란, 자신의 최선을 다하는 것과 다르지 않다. 그 최선의 경계가 어디까지인지는, 오직 '실패하려는 의지'에서 완전히 벗어났을 때에만 분명해진다.

깨어! 살아!
파이오니어 시리즈 01

발행	텍스트 프레스
초판 1쇄 발행	2026년 3월 3일
옮김	신한현
편집	신한현, 정동규
디자인	정동규
A&R	*Plugg Busan*
서체	흑단, 지백
	Hoefler Text, Garamond Premier

텍스트 프레스
48205 부산광역시 수영구 망미동 453-30, 1층
info@textpress.kr
textpress.kr

979-11-92023-09-0(03320)
17,000원

텍스트 프레스는 삶과 책의 거리를 좁히는 생활예술 출판사를 지향합니다. 일상 곳곳에서 출판물의 형태로 여러 방식들을 실험하고, 한 권의 책이 만들어내는 여백과 움직임을 살피며, 자기만의 속도로 머물고 삶의 영역을 확장할 수 있는 독서의 자리들을 만들어갑니다.

고전 자기계발서 총서 《파이오니어 시리즈》는 자기계발을 성과의 기술이 아니라 철학적으로 문화적으로 삶의 지평을 확장하는 하나의 사유 방식으로 다시 읽고, 각자의 성취를 향해 삶의 태도와 감각을 재조정하도록 고전을 새롭게 배치합니다.